PLUS FORT
QUE LA HAINE

TIM GUÉNARD

PLUS FORT
QUE LA HAINE

Ouvrage réalisé sous la direction éditoriale d'Alain NOËL
Avec la collaboration de Luc ADRIAN

Si vous souhaitez être tenu
au courant de nos publications,
envoyez vos nom et adresse, en citant ce livre,
aux Éditions des Presses de la Renaissance,
12, avenue d'Italie, 75013 Paris.
Et, pour le Canada, à
Édipresse Inc., 945, avenue Beaumont,
Montréal, Québec, H3N 1W3.

ISBN : 2.85616.718.7
© Presses de la Renaissance, 1999.

*Ce livre,
pour ceux dont la mémoire est blessée,
ceux qui ne peuvent pardonner,
ceux qui souffrent et crient à l'espérance.*

Avertissement

Il a fallu des années de silence et d'amour pour pouvoir presque tout dire.

Ce que je raconte dans ces pages, je l'ai vécu. Ce n'est pas un roman. On me pardonnera le style parfois oral de ces lignes, je n'ai pas l'habitude d'écrire. Je préfère dire.
Afin de ne pas compromettre certaines personnes, j'ai volontairement changé les patronymes et les noms de lieux. C'est la seule entorse à la vérité que je me suis permise.
On me pardonnera aussi de ne pas être toujours précis dans les dates. J'ai eu plusieurs vies en une seule. Les souvenirs se télescopent parfois. Peu importe. J'ai l'âge de mon espérance.
Par pudeur, j'ai caché également ce qui ne pouvait être rendu public et relevait de la stricte intimité.
Je me suis tu pour ne pas figer certaines personnes dans le mal qu'elles m'ont causé. Je ne veux pas les empêcher de changer. Elles ont le droit de m'étonner.

Je n'ai témoigné avec des mots qu'après la mort de mon père, par respect pour cet homme que j'ai voulu tuer et que j'ai appris à aimer alors qu'il franchissait les portes du Grand Passage.

Qu'il repose en paix.

Avant-propos

Ma vie est aussi cabossée que mon visage.
Mon nez, à lui seul, compte vingt-sept fractures. Vingt-trois proviennent de la boxe ; quatre, de mon père.
Les coups les plus violents, je les ai reçus de celui qui aurait dû me prendre par la main et me dire « je t'aime ».
Il était iroquois. Quand ma mère l'a quitté, le poison de l'alcool l'a rendu fou. Il m'a battu à mort avant que la vie ne poursuive le jeu de massacre.

J'ai survécu grâce à trois rêves : me faire renvoyer de la maison de correction où j'étais placé – un exploit jusqu'alors jamais accompli ; devenir chef de bande ; tuer mon père.
Ces rêves, je les ai réalisés. Excepté le troisième. C'était à deux doigts...
Durant des années, la flamme de la vengeance m'a fait vivre.

Dans la prison de ma haine, des personnes habitées par l'Amour m'ont visité et m'ont mis à genoux dans mon cœur. C'est à ceux que notre société rejette, les cassés, les tordus, les handicapés, les « anormaux », que je dois la vie. Et une formidable leçon d'amour. Je leur dédie ce livre. Ils m'ont permis de renaître.

Cette rencontre inattendue avec l'Amour a bouleversé mon existence.

Je vis aujourd'hui dans une grande maison claire, sur les hauteurs de Lourdes, avec Martine, ma femme, Églantine, Lionel, Kateri et Timothée, nos enfants. Plus quelques personnes de passage qui font halte chez nous en attendant de reprendre la route.

Ce matin, j'ai posé mes ruches sur le versant de la montagne. Demain, je les emmènerai ailleurs, vers d'autres fleurs, d'autres parfums. Je savoure le silence des collines qui m'emportent dans leurs chevauchées vers l'horizon.

Une abeille voltige autour de moi, elle bourdonne près de mon visage, retourne à la fleur, déjà lourde de pollen. Sa vie est réglée comme une partition. Elle joue les notes de son hérédité, ces ordres séculaires transmis par son code génétique. L'abeille, comme tout animal, ne peut rien changer à son comportement programmé.

L'homme, oui.

L'homme est libre de bouleverser son destin pour le meilleur ou pour le pire.

Moi, fils d'alcoolique, enfant abandonné, j'ai tordu le coup à la fatalité. J'ai fait mentir la génétique. C'est ma fierté.

Mon prénom est Philippe, et on me surnomme Tim, car mon nom iroquois est Timidy. Il signifie « seigneur des chevaux ». Ma mémoire blessée fut plus difficile à apprivoiser qu'un pur-sang sauvage.

Guénard peut se traduire par « fort dans l'espérance ». J'ai toujours cru au miracle. Cette espérance qui ne m'a jamais manqué, même au plus noir de la nuit, je la désire aujourd'hui pour les autres.

J'ai hérité de mes ancêtres indiens l'absence de vertige. Je ne crains qu'un abîme, le plus effrayant, celui de la haine à l'égard de soi-même.

Je n'ai qu'une peur, celle de ne pas assez aimer.

Pour être un homme, il faut des couilles. Pour être un homme d'amour, il en faut de plus grosses encore.

Après des années de combat, j'ai enterré la hache de guerre avec mon père, avec moi-même et mon passé.

Il m'arrive de prendre le volant de ma vieille camionnette et de partir, à la demande, raconter un peu de ma vie chaotique. Je vais chez nous, ou ailleurs, en France et à l'étranger, dans les écoles et les prisons, les églises et aux assises, les stades et les places publiques…

Je témoigne que le pardon est l'acte le plus difficile à poser. Le plus digne de l'homme. Mon plus beau combat.

L'amour, c'est mon poing final.
Je marche désormais sur le sentier de la paix.

Trois ans.
Abandonné dans un fossé.

Elle ne m'embrasse pas, elle ne me dit pas « au revoir ». Rien, pas un mot. La femme s'éloigne. Elle porte des bottes blanches… J'ai trois ans et ma mère vient de m'attacher à un poteau électrique sur cette route de campagne qui ne mène nulle part.
Elle rejoint sa voiture garée sur le bas-côté. Elle s'éloigne. Elle disparaît. Je ne vois plus que le brouillard. Je tends les bras. Je suis seul. La nuit envahit la forêt, et ses monstres sortent de l'ombre.

C'est le seul souvenir précis que je conserve, enfant, de ma mère. Un dos qui s'éloigne et de grandes bottes blanches. Quelqu'un qui s'en va…
Elle a accouché de moi à l'âge de seize ans et m'a abandonné trois ans plus tard, le jour où elle a rejoint le nouvel homme de sa vie. Je n'ai plus de place dans son existence.
Les gendarmes m'ont trouvé au petit matin, frigorifié, terrorisé. Ils me ramènent chez mon père. J'ignore comment ils ont retrouvé sa trace, je ne peux plus parler.

Mon père est garde du corps dans une ambassade à Paris. C'est un homme fin et immense comme un hêtre, avec le nez busqué et les cheveux noirs de ses ancêtres. Cet athlète silencieux ne peut renier son sang indien. Il est d'une puissance peu commune. Sa force se déchaîne d'un coup, terrible, comme un éclair, un arc qui se détend.

Ma grand-mère me racontera l'avoir vu un jour dans un bar encaisser des moqueries sur sa race par trois blancs-becs imbéciles, sans rien dire, sans même une crispation de visage. Lorsque l'un des Blancs lui effleurera la manche pour le provoquer, il se retrouvera au tapis, ses deux compères aussi, groggy, en moins de temps qu'il ne faut pour le raconter. Et mon père, accoudé au bar, commandera une nouvelle bière comme s'il venait de s'épousseter l'épaule ou de se débarrasser d'un moustique.

C'est le fils d'un seigneur de la guerre, que je n'ai pas connu, dont le sang coule en moi. Je suis fier de mon grand-père. Cet artiste indien s'est engagé durant la Seconde Guerre mondiale dans les forces canadiennes comme pilote de chasse. Fait prisonnier par les nazis, ceux-ci le prirent pour un Juif, car il était circoncis. Ils l'envoyèrent dans un camp de la mort en Allemagne. Honoré de cette méprise, l'Iroquois ne voulut jamais détromper ses bourreaux. Il mourut quelques mois avant la fin de la guerre, après trois années de traitements inhumains. Ma grand-mère reçut seulement ces quelques mots : « Je suis fier de mourir avec mes frères juifs. »

Cette femme courageuse ne put jamais croire à la mort de l'homme qu'elle aimait passionnément et qu'elle surnommait « Main d'or ». Dans un baraquement d'une banlieue du nord de la France, un ancien entrepôt de munitions, elle éleva seule ses treize enfants, auxquels s'ajoutèrent deux petits d'une de ses filles fusillée pour faits de Résistance. Elle ne toucha sa pension de veuve de guerre que cinq ans après la Libération, mais elle la toucha en dollars... Ce magot lui permit d'acheter des terrains qu'elle distribua à ses enfants.

Mon père, canadien également, servit dans les commandos de marine américains durant la guerre du Viêt Nam. Il sauva son lieutenant de la mort, et celui-ci n'oublia pas ce geste. Devenu diplomate bien des années plus tard, il lui confia sa protection rapprochée.

Mon père a une faille dans sa cuirasse. Le départ de ma mère le fauche en pleine course, comme une décharge de mitraille. Il s'effondre. Il n'a rien vu venir.

Instable, imprévisible – il boit de plus en plus –, mon père me confie à l'une de ses sœurs, qui habite près de la maison.

Chez cette femme tendre, je goûte pour la première fois au bonheur d'être aimé. J'apprends à me tenir sur mes deux jambes puis à marcher, à caresser le tronc des arbres, les confidents de mes secrets. Et à rêver devant les tapisseries du Moyen Âge. Le sang de mes ancêtres guerriers bouillonne à la vue de ces cavalcades furieuses, de ces farouches empoignades. Ce bonheur, cette douce anesthésie, n'est qu'une parenthèse trop brève.

Quelques mois plus tard, mon père vient me reprendre. Je découvre que ma famille a grandi : il vit à la colle avec une femme. Celle-ci ressemble à une mamma italienne, très brune, bien en chair. Elle a cinq enfants. Ils se sont installés chez nous, comme chez eux.

— Voici ta nouvelle maman, embrasse-la, me dit mon père. Tu peux l'appeler Maman...

En moi, c'est la bousculade. Je refuse de dire maman même si je brûle d'en retrouver une. Les yeux de cette femme sont ténébreux comme le fond d'une cave. Je n'y perçois aucune lumière d'amour. Elle m'embrasse en me pinçant le haut du bras avec un sourire d'anguille, hypocrite et vicieux.

Je sais qu'elle ne sera jamais ma mère. Elle a pris le cœur de mon père, mais elle ne remplacera jamais celle qui m'a porté en elle. Celle qui m'a laissé un soir, sur le bord d'une route, en me tournant le dos, avec ses hautes bottes blanches. Je n'ai jamais compris pourquoi.

Quatre ans.
Dans la niche du chien.

J'habite avec ma fausse famille, je mange avec eux, je dors avec eux. Je ne vis pas avec eux. Je ne suis qu'un étranger. Ils me traitent comme un parasite indésirable.

Le soir, j'espère mon père comme le Sauveur. J'attends son retour avec une impatience que je ne parviens pas à dissimuler. Je guette ses pas dans l'escalier. La clef dans la serrure ouvre pour moi les portes de l'espoir. Je me tourne vers la puissante silhouette. Tout mon être quémande en silence un regard, un sourire. En vain. Il se précipite vers ma fausse mère, mes faux frères, mes fausses sœurs. Il les embrasse, les câline, les pelote. Comme s'il voulait me blesser, se venger de moi et me signifier : « Voilà ce que tu n'auras pas ! Tu me rappelles trop ta mère, cette femme que je n'ai pas su garder ni rendre heureuse. »

Je suis le souvenir de l'amour déçu, le rappel de l'échec conjugal, le signe de l'honneur perdu. Son remords vivant.

Ma fausse mère perçoit ce ressentiment à mon égard. Triomphante, elle vomit :

— Ton bâtard, il en a encore fait des belles, aujourd'hui !

Il se tourne alors vers moi, enfin, mais ce n'est pas pour me serrer dans ses bras. L'espoir vire au cauchemar. Ses yeux se chargent d'éclairs ; le fauve gronde et bondit. Je prends ma volée en me mordant les lèvres pour ne pas hurler sous la violence des « Paris-Brest » – c'est ainsi que mon père appelle les taloches. Vlan ! vlan ! et vlan !

Pendant l'orage, ma fausse mère sourit. Elle savoure. Je suis de trop dans sa basse-cour, rien qu'un petit canard boiteux. Elle est bonne pour ses enfants, mais je n'appartiens pas à sa couvée.

Lorsque mon père s'absente plusieurs semaines, elle me chasse dans la cour, derrière la maison, durant des après-midi entiers. Dans cet espace « fourre-tout », ceint d'un grand mur de brique comme celui d'une prison, je retrouve des objets connus. Mes compagnons d'exil sont des vélos rouillés, une brouette cassée, un tonneau couché avec une chaîne. Au bout de la chaîne, un chien braque marron et blanc. Mon ami Simla.

Au milieu de la cour trône une énorme bassine. Les enfants de la belle-doche la font rouler pour la rentrer dans la cuisine et s'y laver au chaud à l'heure de la toilette. Lorsqu'ils ont fini de se récurer, leur mère, aidée par son aîné, sort la baignoire pleine et me crie :

— Sale bâtard, lave-toi !

L'eau est sale et glacée. Je dois m'y plonger, même l'hiver, en tremblant. Mes demi-frères, eux, me narguent derrière la vitre en croquant des sucreries, en lapant des sucettes de couleur. J'aperçois leur sourire et leurs grimaces à travers la buée. Je reste dehors en grelottant jusqu'à ce qu'on vienne me chercher. Cette froidure, je la ressentirai dans mon corps jusqu'à l'âge de quatorze ans. Le frisson a atteint la moelle de mes os.

Parfois, j'ai tellement froid que je vais me réfugier tout nu dans la niche de Simla. Mon ami le chien hurle pour protester, pour rappeler aux hommes qu'ils ne doivent pas traiter ainsi un de leurs petits.

J'aime ce braque affectueux. Lui aussi se prend régulièrement des raclées. Cela crée une complicité. J'ai l'impression qu'il me comprend. Il couine doucement dès que je m'assois dans la bassine glacée et m'encourage : « Vas-y, Tim, courage, je suis avec toi. » Sa plainte énerve ma belle-doche. Elle déboule dans la cour pour taper Simla et me dérouiller par la même occasion, nous traitant de sales bâtards. Nous sommes de la même race, Simla et moi. Ce chien est mon premier ami.

Depuis le départ de ma mère, mon père boit énormément. De plus en plus. Lorsque je rentre dans son champ de vision, ses yeux morts sortent de leur fixité de zombi. Le simple fait de m'apercevoir allume la mèche de la bombe. Il lève son corps immense, dans un halètement de bûcheron, et me tombe dessus, de plus en plus violemment, sans avoir besoin d'alibi. Je dois me cacher pour ne pas provoquer d'explosion.

Pourtant, chaque soir, j'espère encore qu'il me prendra dans ses bras. J'espère désespérément. Je ne peux pas renoncer à la seule image qui me permette de survivre.

En fin de semaine, lorsque ma fausse famille part à la campagne, mon père m'enferme à la cave. Comme je refuse de descendre cet escalier pentu, il m'y pousse d'une ruée. Je roule sur les marches de pierre jusqu'au fond de cet antre noir et humide. La porte se ferme sur la lumière. Là, sonné, je reste allongé sur cette terre froide, respirant l'odeur fétide de moisi et d'humidité. Relent de pisse et de merde, aussi, car une minuscule ouverture donne sur la cour, juste derrière la niche de Simla. Je me relève et glisse la main dans le trou. Le chien vient me lécher les doigts, en gémissant. Nous nous tenons compagnie durant ces interminables heures d'ennui.

J'accroche aux parois obscures de ma prison les portraits imaginaires des trois personnes qui me prodiguent bonheur et tendresse : ma tante, mon grand-père maternel que j'idolâtre, et ma grand-mère paternelle. Je m'entretiens avec eux dans d'interminables soliloques, chassant soigneusement la moindre poussière, la plus petite ombre qui terniraient l'éclat de mes soleils intérieurs.

Je les engueule aussi. Je leur reproche de me laisser chez mon père. Je leur crie dans ma nuit : « Venez me chercher, venez me chercher, emmenez-moi ! »

Ma grand-mère paternelle vient parfois me prendre pour la journée. Elle est gentille et gaie, me gâte comme une grand-mère. Elle m'achète des habits, des chaussures vernies et des réglisses. Mais les heures passent, et je me renfrogne en songeant que notre idylle s'achève. Elle ne comprend pas la raison de mon air maussade. Le soir, elle me ramène à la maison. Mon père me saisit par le bras, je crie :

— Non, non, Mamie, emmène-moi avec toi, emmène-moi !

Je voudrais tellement rester avec elle. Elle part sans moi. Je ne peux pas lui dire que son fils me bat. Je suis seul avec mon secret.

Jusqu'au jour où un ami de la famille vient boire un verre à la maison. Mon père est déjà ivre. Lorsqu'il veut m'administrer ma volée quotidienne, cet homme s'interpose. Fou de rage, mon père lui porte un coup de couteau. L'ami, sanguinolent, réussit à prendre la fuite. Il file à l'hôpital.

Le lendemain, une dame sonne à la porte. Elle demande à me voir. Ma fausse mère refuse. La dame insiste avec une autorité tranquille. Elle finit par menacer ma belle-doche de sanctions graves. Celle-ci cède et m'appelle. La dame m'invite et nous allons nous promener ensemble. Elle est jolie et douce. Pourtant, j'ai peur. Elle m'emmène dans un café, m'offre un chocolat chaud et me pose beaucoup de questions sur cette famille, sur mon père, s'il est gentil, comment il s'occupe de moi. Je réponds sans mentir. En ne disant pas toute la vérité. Elle ne me croirait pas.

Puis, la dame gentille regarde sa montre, se lève pour me ramener à la maison. Je ne veux pas, je m'accroche à elle : « Je veux rester avec vous. » Elle m'explique qu'elle est assistante sociale et qu'elle va faire en sorte qu'on ne me batte plus. Je la crois.

Une fois la porte refermée, mon père me crie :
— Qu'est-ce que tu lui as dit ?
Il prend un manche de bois et frappe, frappe, frappe. Je m'écroule. Mes jambes me font atrocement mal. Elles ne me portent plus. Il continue de frapper, de hurler.
— Tu m'entends ? Qu'est-ce que tu lui as dit à cette pouffiasse ? Boum ! boum !
— Hein ! Qu'est-ce que tu lui as dit à cette garce ?
Vlan et vlan ! Je suis perdu dans ma tête. Je continue à croire en la dame. Pourtant, elle n'aurait

jamais dû me laisser seul. Je ne lâche rien à mon père. Boum ! Tellement de Paris-Brest qu'on pourrait aller sur la lune avec tous ces kilomètres de taloches !

Puis il m'attrape à terre par la chemise, me porte comme un sac, ouvre la porte de la cave et m'envoie valser dans l'escalier en criant :

— Sale mioche, écrase-toi ou je vais te... !

Je n'entends pas la fin de la phrase. Je plonge dans le trou noir. Vol plané. Écrabouillage à l'atterrissage.

Quelques secondes plus tard – ou quelques minutes ? je ne sais pas –, j'émerge du coaltar et j'entends ma belle-doche crier dans le brouillard de mon crâne :

— Monte, bâtard ! Allez, remonte !

Je ne peux pas. Je ne peux plus bouger. Dans ma chute, je me suis cassé la mâchoire et le nez. Mes jambes sont brisées. La sale femme descend l'escalier et me cogne à son tour.

— Allez, remue-toi, monte, bâtard, monte !

Boum, boum ! Je rampe en escaladant chaque marche comme une limace. Boum, boum sur mon dos, à coups de ceinture. Je ne sens plus mes jambes.

Ma tête tourne. Arrivé au sommet, mon père, debout, immense. Son ouragan de violence s'abat sur moi. Une grosse baigne m'éclate un œil, puis une claque sur le côté gauche, déjà couvert d'hématomes. Une claque tellement forte que l'oreille explose avec un craquement. Crac. La nuit. Le trou noir.

Après, je ne me rappelle plus.

Ce soir-là, c'est mon anniversaire. J'ai cinq ans.

Comme cadeau, mon père m'a offert trente-six chandelles. Puis il a éteint la lumière.

Cinq et six ans.
Silence, hôpital.

J'émerge de la nuit du coma trois jours plus tard.
Réveil dans une chambre claire. Où suis-je ?
Je ne peux pas bouger. Mon corps est entièrement immobilisé.
Un visage, tout près du mien. Il sourit. Je le reconnais après quelques secondes. C'est l'assistante sociale. Elle me regarde avec douceur. Je n'arrive pas à lui en vouloir de m'avoir lâché dans le cœur du cyclone. Elle a tenu parole.
Elle dit :
— Tu es à l'hôpital, ne t'inquiète pas, tu n'auras plus peur.
Cette phrase reste gravée en moi comme une énigme. Quelle personne peut promettre : « Tu n'auras plus peur » ? La peur est une vrille. Elle pénètre le corps, le cœur, l'âme, elle fore, transperce chacune des cellules. On ne choisit pas d'avoir ou de ne pas avoir peur. Elle surgit à l'improviste et saisit à la gorge.
— Tu n'auras plus jamais peur, répète-t-elle.

Je ne la crois qu'à moitié. Bâtard échaudé craint l'eau froide.

Je lui pose une question bizarre :

— Et mon père, il est mort ?

La dame répond :

— Non, il est déchu de ses droits paternels.

Durant des années, je déclarerai à ceux qui m'interrogeront sur mon père qu'il est déchu de ses droits paternels sans savoir ce que ces mots signifient, préférant le flou de l'ignorance à une vérité trop cruelle.

Je vais rester plus de deux ans et demi entre les quatre murs de cette chambre d'hôpital. Un médecin m'explique que j'ai eu les jambes broyées et qu'il faut me les reconstituer comme les pièces d'un puzzle. Cela va demander des mois de patience et plusieurs opérations. Puis je devrai de nouveau apprendre à marcher avec ces jambes rafistolées.

Mon corps est en morceaux. Alors que j'étais dans le coma, mon père m'a brûlé la main et ouvert le front d'un coup de couteau. Je suis cassé de partout, bloqué au lit avec des perfusions dans tous les sens. Chaque jour, des piqûres. Immobile, allongé toute la journée dans un dortoir à quatre lits. L'assistante sociale espace ses visites. Puis je ne la vois plus du tout. Je comprends, elle a d'autres enfants sans matricule à charge.

Je ne parle pas à mes voisins de chambrée, des gosses de mon âge. J'ai peu de mots dans ma réserve de vocabulaire et ne veux pas leur raconter que c'est mon père qui m'a envoyé dans cette prison blanche.

Mes seules compagnes sont les mouches. Elles vrombissent autour de moi. Je les suis du regard, je joue en pensée avec elles. J'imagine que je les dompte, les chevauche et que nous explorons, moi, le seigneur des mouches, des pays mystérieux en essayant d'échapper aux pièges mortels des hommes.

Les autres enfants reçoivent des visites. Moi, une seule, celle de l'infirmière à piqûres. Cloué à mon sommier, j'enregistre leur joie du coin de l'œil avec ma caméra intérieure. On les embrasse, on les cajole, on leur offre des cadeaux. Mon cœur n'en perd pas une miette. Je zoome avec bonheur. C'est ma « télé » préférée.

Après deux ans d'hospitalisation, je commence à pouvoir bouger le haut du corps. Mes peurs diminuent, mes cauchemars s'apaisent, mes terreurs nocturnes s'espacent. Je rêve moins souvent de mon père qui ouvre la porte et se précipite sur moi, de la chambre qui devient rouge sang, et du voile noir qui s'abat.

Je commence même à construire un autre rêve, éveillé celui-là, un rêve merveilleux comme un jouet : mon infirmière à piqûres entre dans la pièce et m'annonce une visite. Elle fait signe à quelqu'un dans le couloir, qui pénètre dans ma chambre. C'est mon père, immense et magnifique. Il est bien vêtu, avec un cœur tout neuf, je le lis dans ses yeux. Il s'approche de mon lit pour m'embrasser. Ses yeux brillent. Il me touche, et le contact de sa peau est la plus douce des caresses.

Lorsque ces images me saisissent, je ne peux m'empêcher de tourner la tête vers la porte.

Elle s'ouvre. L'infirmière entre.

— C'est l'heure de la piqûre, dit-elle.

Un jour, mon voisin immédiat, un garçon surnommé Tony, reçoit plusieurs cadeaux pour son anniversaire. Je mets en marche ma caméra invisible pour ne rien perdre de son excitation. Avec précipitation, il défait les emballages qui tombent à terre. Un de ces papiers glisse jusqu'à mon lit. Je le subtilise discrètement et le cache dans mon pyjama. Je deviens un voleur de papier cadeau.

La nuit venue, je me laisse couler hors de mon lit. Je rampe silencieusement sur le sol. Arrivé dans le couloir, je m'accroche à la rampe placée le long du mur. J'avance comme un alcoolique, en titubant. Au bout de la barre, je m'effondre à terre. Je limace jusqu'aux toilettes et m'y enferme à double tour. Là, enfin, j'exhibe le papier dissimulé sous ma veste de pyjama et je le contemple en liberté : plus beau que le ciel étoilé, il est rouge et doré, parsemé de dessins de trains, de joyeux lutins et de paillettes. Il lance des reflets magiques qui donnent à rêver aux enfants sans Noël et sans cadeaux.

Pour l'admirer en secret, chaque jour, je m'oblige à sortir de mon lit, à ramper jusqu'à la barre du couloir, à me mettre debout et à avancer un pied devant l'autre. Ma récompense est cette pause-toilettes. Assis sur le trône, essoufflé, je contemple mon trésor en catimini.

Grâce à cet objet, je vais réapprendre à marcher et m'initier au dessin. Je m'applique à recopier ses motifs, ses trains, ses lutins. Je prends goût au croquis. Mon infirmière à piqûres m'offre un crayon. Elle m'encourage et m'apporte un jour une photo de son petit chien :

— Tu veux bien essayer de le dessiner ?

Je le reproduis, fier de moi, ainsi que les motifs du jeu de cartes de Tony. Mes œuvres sont montrées dans le service, on vient me féliciter. Je décroche plusieurs « commandes ». J'existe enfin, je suis reconnu. J'en embrasse mon papier magique qui me donne des jambes, m'offre des compliments et me révèle un talent enfoui.

Le seul blocage dans ma rééducation, c'est les escaliers. Ma hantise. J'ai une trouille terrible des marches, car mon pied droit reste privé de sensation. Je dois progresser en glissant la jambe afin de conserver le pied en contact avec le sol. Je descends les escaliers à reculons, accroché à la rampe, en fixant le palier pour ne pas me laisser submerger par la peur panique de basculer en arrière.

En deux ans et demi d'hospitalisation, je ne reçois aucune visite, aucune nouvelle de ma famille. Je suis seul au monde. J'ignore si mon père est vivant. Je préfère ne pas le savoir.

Sept ans.
Au marché des orphelins.

    Lorsque je quitte l'univers aseptisé de l'hôpital, sa vie réglée, ses rites établis, où je me suis tissé un cocon protecteur, j'ai sept ans et demi. Je marche à peu près normalement. Mon œil droit est abîmé, j'ai une oreille en chou-fleur, un nez cassé, le front balafré. Je souffre de maux de tête horribles qui me broient la cervelle dans un étau à lames tranchantes. Mais je marche et je sais dessiner.
    Pour retrouver mon entière mobilité, je rejoins un centre de rééducation, à l'île de Ré. J'en suis vite renvoyé pour cause de nervosité excessive. Même sanction et même motif à Dax. J'échoue finalement dans une maison de sœurs à Arcachon. Ces religieuses de saint Vincent de Paul sont patientes et attentives. Je me souviens de leurs cornettes blanches, de la médaille bleue que m'offre l'une d'elles, des promenades sur la jetée – mes congénères achètent des ballons, des bonbons ; moi, je n'ai que des trous dans mes poches –, de l'ombre odorante des pins sous lesquels je me réfugie pour échapper à la brûlure de l'été, et de la maison du bonheur. Je surnomme

ainsi une grande villa blanche, où j'aperçois des enfants rire et jouer, courir sur sa terrasse entre mer et ciel. Je me fais le serment de me marier, plus tard, quand je serai un homme, avec une fille d'ici. Une fille de la maison du bonheur...

Remis d'aplomb, je pousse alors une autre porte du monde des enfants perdus sans collier.

Après un long voyage en voiture, où je rends tripes et boyaux, j'émerge de ma nausée devant une enfilade de bâtiments sinistres, peu propices à soigner le mal de cœur. L'Assistance publique d'une ville du nord de la France. Conduit par une assistante sociale, je pénètre dans une des ailes de l'hospice. Nous traversons des couloirs peuplés de personnes âgées dont les vêtements sentent le pipi. Des vieux poussent des cris hystériques. Avec mes yeux de garçon de sept ans bien sonnés, j'observe, effrayé, ce monde caché d'hommes et de femmes d'un autre âge, aux regards perdus.

Une petite vieille m'agrippe le bras de sa main aux veines saillantes et grises. Elle exhibe une bouche sans dents, un trou noir aux lèvres crevassées, puis vomit subitement sa langue comme un serpent rose. Ses yeux globuleux me fixent, prêts à jaillir de leur orbite.

Au milieu du couloir, un vieillard sans jambes, immobile, la bouche ouverte, est posé sur sa chaise roulante comme une statue. Dans un recoin, à gauche, un homme aux cheveux noirs hirsutes se tape la tête contre le mur, avec régularité, puis se retourne avec un rire étrange qui lui sort du nez. La souffrance, la détresse de ces vies finissantes, jetées en vrac, abandonnées pêle-mêle, me retournent le cœur.

Nous pénétrons dans une salle aux murs beiges.

Même odeur suffocante de renfermé et de pipi, avec des relents d'éther. Des gens jouent aux cartes et aux dominos. Une vieille dame m'arrête au passage. Elle pose sa main de parchemin sur mon avant-bras et m'offre une crème vanille. Elle me regarde, l'air inconsolable, la tête penchée sur son épaule creuse, de ses petits yeux noirs qui brillent comme des chaussures astiquées. Je lis la tristesse dans ses yeux. Elle me fixe, ses yeux deviennent humides. Elle m'adresse un geste de la main pour me dire adieu. L'assistante sociale me hèle, mécontente. Je me retourne une dernière fois vers la vieille dame du chagrin. Elle est belle du silence, Mamie.

Certains regards prouvent l'éternité. Enfouis dans nos malles secrètes, ces trésors délaissés se réveilleront à l'heure du doute. Je n'oublierai jamais l'extraordinaire et digne beauté de cette femme.

Au bout d'un couloir en fer à cheval, l'assistante sociale désigne un banc de cuir grenat, à côté d'un immense escalier :

— Assieds-toi là.

Un autre garçon est déjà installé. Il me demande :

— Tu es passé chez les fous ?

Il se visse un doigt sur la tempe, émet un rire gras. Il se moque d'eux, ça me blesse.

L'assistante revient. Mon voisin me jette un regard inquiet. Il plisse ses yeux et mime une soufflerie avec sa bouche. La peur me prend. Que veut-il signifier ? La porte s'ouvre, la dame parle à voix basse avec une autre qui acquiesce de la tête en m'observant sévèrement. Celle-ci me donne un numéro composé de ma date de naissance et de mon département d'origine. Je me déshabille. On me vaccine. Puis on me rase les cheveux, on m'applique un produit qui sent très fort, on m'enroule la tête de bandelettes. Je me trouve beau en émir du pétrole. « Ça tue les poux », explique la femme.

Elle me fait entrer dans une grande salle. Une trentaine d'autres enfants, les cheveux rasés, sont rassemblés en ligne. Tous habillés de la même façon, bermuda à carreaux, chemisette unie, brodequins. On se regarde en chiens de faïence. Je demande la permission d'aller voir ma vieille dame aux yeux humides. On me l'interdit. « Tu ne bouges pas d'ici ! Et tu obéis ! »

On m'enlève mon déguisement de momie, on m'ordonne de rejoindre les autres, au bout de la file, côte à côte, le long du grand escalier, près de la porte principale. C'est jeudi, pas d'école.

Tout d'un coup, la porte s'ouvre. Une quarantaine d'hommes et de femmes pénètrent dans la pièce. Les uns sont habillés sur leur trente et un, comme un dimanche, les autres portent des sacs à provisions. Ils passent parmi nous en nous dévisageant comme si nous étions des objets rares, des mannequins de cire du musée Grévin. Ils observent, scrutent les détails, de la tête aux pieds. Il y a les démonstratifs – « Oh, qu'il est mignon, celui-là ! Il me plaît beaucoup ! » – et ceux qui ne manifestent rien de leurs sentiments, nous étudiant en silence, émettant de temps en temps un grognement de satisfaction devant l'un ou l'autre. Il y a ceux qui posent des questions. Ceux qui froncent le sourcil, deux doigts contre la joue, avec une moue pensive, qui plissent les yeux, comme pour imaginer ce que ce garçon-là pourra donner dans quelques années. Certains passent et repassent, comme des parieurs avant une course de chevaux, notant le matricule que nous portons sur la poitrine.

Ces gens viennent choisir un enfant.

À midi, tout le monde quitte la place après avoir terminé son marché aux enfants abandonnés. Deux garçons seulement restent dans la grande pièce vide et nue, un dénommé Christian et moi. Les autres ont été adoptés. Christian, c'est la seconde fois qu'il espère. Sans succès. Il ne lui reste plus qu'une chance. Il m'explique la règle du jeu :

— Si tu n'es pas choisi à la troisième reprise, tu pars en maison de correction. Tu as trois chances en tout...

Il ajoute, après un temps de silence :

— Tu sais pourquoi personne ne nous a pris ?

— Ben, non... J'en sais rien.

— C'est parce qu'on n'est pas beaux. Les gens, ils aiment les beaux enfants.

C'est vrai qu'il n'est pas beau, Christian. Et moi, je dois être aussi moche que lui puisque je n'ai pas été élu.

Le soir, je ne dors pas. Je rêve éveillé qu'une belle dame et un gentil monsieur, bien habillés, s'approchent de moi et me tirent de la rangée : « Viens avec nous. » Ils me donnent la main, et je me vois, entre eux deux, franchir le grand porche de l'Assistance, nimbé de lumière.

C'est un rêve qui m'empêche de dormir. Je me le repasse souvent en attendant le jour J de la délivrance.

Le jeudi suivant, même cérémonie, avec dix nouveaux garçons. Je suis l'objet de messes basses, de conciliabules. Je ne suis pas choisi. La belle dame et le gentil monsieur bien habillés ne sont pas venus. Christian et moi, nous nous retrouvons de nouveau sur le carreau, comme ces légumes un peu abîmés que les maraîchers n'ont pas pu vendre et laissent sur place après le marché. Nous sommes des enfants battus et avariés.

Après-midi lugubre. Le soir, on se retrouve seuls dans le dortoir sinistre, si tristes en nous. Christian a grillé sa dernière chance. Il va partir en maison de correction. Je ne veux pas qu'il me quitte, ce frère d'abandon.

Les autres garçons dorment dans un grand lit avec des draps propres, dans une belle maison, avec un papa et une maman aux petits soins. Tant mieux pour eux. Nous n'avons pas gagné à la loterie de l'amour. Tant pis pour nous.

La lumière du dortoir éteinte, j'ai subitement peur. Je me mets à pleurer. Mon père revient me taper. Pourquoi cette hantise me saisit-elle, plus fort que d'habitude ? Je hurle. On m'arrose d'eau froide. Je déchire les draps avec mes dents.

— Chiale, tu pisseras un coup de moins ! me lance le surveillant.

Cette nuit-là, je commence à fermer les écluses de mon cœur et le robinet des larmes. Si je ne veux pas mourir ou devenir fou, je dois me durcir.

Le lendemain matin, on me montre à une dame psychologue. Elle ne m'observe pas. Elle parcourt le dossier rapidement et conclut que je suis malade. « Malade de quoi ? », je lui demande. Grand silence. Je la fixe. Je me sens plutôt en bonne santé. Elle écrit longuement sur une feuille de papier.

— Au suivant ! lâche-t-elle sans un regard.

On me tire par le bras et on m'emmène en voiture. J'ignore ma destination. Soudain, une pensée folle me

traverse. Un flash de bonheur. Je demande à la dame qui conduit :
— Vous me ramenez chez ma mère ?
Elle répond oui.
C'est la fin du cauchemar.

Huit ans.
La prison des fous.

Elle répond oui.
Cette salope ment, et je l'ai crue un instant.
C'est la fin du voyage et du rêve. Au bout de la grande allée d'arbres, ce n'est pas ma mère qui m'attend, c'est le château des fous. Une clinique d'internement.
La bouffée de bonheur qui m'a envahi durant quelques minutes se dégonfle soudain comme un ballon crevé. Elle laisse la place au dégoût et à la colère. Je n'ai plus confiance en personne. Pourquoi m'a-t-elle dit oui ? Pour éviter des questions gênantes ? Pour avoir la paix durant trois heures de route ?
Jeudi dernier, j'ai perdu à la loterie de l'amour. Ce vendredi, j'ai gagné au Bingo du désespoir.

La vie de château commence mal. Je suis accueilli par un homme sinistre, habillé de bleu. Nous pénétrons dans la bâtisse. J'entends des hurlements, des ricanements étouffés. C'est un zoo où des hommes vivent en cage. Il n'est pas ouvert au public.
Ce jour-là, une souffrance inconnue et silencieuse

me frappe avec une violence extrême. Un monde s'écroule à l'intérieur de moi. J'observe, j'écoute, j'attends. Chaque seconde, chaque minute, chaque heure, chaque journée qui passent me sont incompréhensibles. Le fossé de mes peurs s'agrandit comme une faille vertigineuse, impossible à combler. Cet abîme m'aspire.

Je redoute les piqûres. Les médicaments éteignent peu à peu ma conscience. Je régresse, je deviens zombi. L'impression, dans ma tête, de tourner en rond. Un tout petit rond. Je me débats pour ne pas perdre l'équilibre, pour ne pas sombrer dans le coton. Je n'en veux pas, de leurs saloperies ; je fuis. Les infirmiers me rattrapent, me piquent de force.

Tourner en rond durant neuf mois. Mal de vivre, mal à l'âme. Cris des uns, gémissements des autres. Hurlements, silence hagard. Regards vides, postures figées, membres raidis, démarches mécaniques, gestes ralentis, voix pâteuses. Griffures sur les vitres, glissement des doigts sur la table, crissements... Insupportables détails de chaque jour qui se gravent en moi. Malgré moi. Insupportables confidences de ces hommes, de ces femmes, que leur famille fait interner pour leur confisquer un héritage ou leur subtiliser la garde d'un enfant. Ces gens dénoncés par un voisin, une épouse, un fils. Par vengeance ou intérêt. Pour rien parfois. C'est ce qu'ils racontent, ces gens. Puis-je les croire ? Il est trop tard. Le soupçon général de la folie plane. Il détruit la confiance. La communication est coupée, il n'y a plus d'abonné au numéro que vous avez demandé. Chacun pour soi dans sa camisole. Voyage en enfer.

Le quotidien glisse sur moi sans m'atteindre vraiment, mais je n'arrive pas à m'abstraire suffisamment de moi-même pour ne plus souffrir. L'anesthésie n'est pas complète. Je lutte pied à pied contre la brume qui gagne, qui cherche à me pénétrer. Parfois, mes yeux s'humidifient, ma gorge se noue. Chaque seconde qui vient, interminable, épouvantablement longue, est lourde d'une menace.

Je survis dans la peur de la peur. Elle se tapit le jour et bondit la nuit. Une fois couché, les images horribles reviennent et me clouent au fond du lit de toute leur violence. J'ai beau me cacher, fermer les yeux, crier en moi « non, non ! », les refuser de toutes mes forces, mon passé me poursuit, me griffe. Mon père, ma fausse mère, l'escalier de la cave, la queue leu leu des abandonnés, le « on n'est pas beaux » de Christian, « C'est vrai qu'on n'est pas beaux », le oui du mensonge et la maison des fous au bout de l'allée d'arbres, pas ma mère...

Chaque nuit, ces monstres reviennent, me sautent à la gorge, me réveillent. Je me cogne sans cesse à ma mémoire douloureuse.

Je ne suis pas fou. Cette certitude, au fond de moi, me sauve de la démence. Ma seule folie est d'être un enfant du monde des hommes. Je ne rêve que d'un baiser, d'une étreinte. Je n'espère qu'une main dans laquelle glisser la mienne et un regard tendre qui sourit. Dans ma tête, je marche au ralenti, j'entends une voix douce et basse, un murmure d'amour. J'ai tellement envie d'y croire : maman va venir me chercher.

Cette folie est telle que je me persuade aussi que mon père va changer. Il ne boira plus. Il sera gentil, et je pourrai l'appeler papa. Il ne se tournera pas vers moi avec des yeux d'orage mais de printemps. J'ai tellement besoin d'y croire... Les miracles, ça n'arrive pas qu'aux autres. Ma folie est prête à gommer les blessures de la vie, à oser rêver l'impossible.

C'est mon espérance qui est folle, docteur, pas ma tête.

Cet espoir, des garçons et des filles, abandonnés comme moi, internés comme moi, l'entretiennent : ils croient au miracle. Ils affirment : « Mes parents vont venir me chercher. » Et c'est vrai, ils ont raison. Un jour, un beau jour, un homme et une femme viennent les chercher. Comme c'est beau de voir des frères et des sœurs de vie repartir dans une famille.

Au bout de neuf mois d'internement, une fin de matinée, on m'emmène chez le nouveau psychiatre. Un grand monsieur, bien coiffé, habillé avec goût. Il me regarde gentiment et me demande de m'asseoir à une petite table. Il me donne des puzzles et me demande de les réunir. J'y parviens sans peine. Il me pose des questions bizarres, des devinettes. Je réponds, c'est fastoche. Pendant qu'il poursuit son interrogatoire, je me mets à dessiner. Je lui offre mon croquis. Surpris, il m'observe avec attention. Je lui explique que le dessin est ma langue secrète. Quand je dessine, j'entre dans le monde du beau et du gratuit. Je quitte l'indifférence et le mépris pour la joie de faire plaisir.

Le psychiatre regarde mon dessin et me tapote la tête en disant :

— Tu es futé et tu es doué. Continue, mon garçon, continue à dessiner.

Il m'adresse un large sourire et appuie sur une sonnette. Un monsieur entre. Le docteur lui demande :

— Que fait ce garçon ici ? Il va très bien !

L'autre esquisse une mimique d'ignorance. Le docteur me lance :

— Au revoir, jeune homme !

Puis en me pinçant gentiment la joue :

— Tu n'es pas malade, tu vas très bien. Tu dois continuer à dessiner.

Je n'ai pas envie de le quitter.

Il y a neuf mois, un docteur qui ne m'a étudié que quelques secondes a décrété que j'étais un fou, un être dérangé, un anormal. Neuf mois après, un autre docteur me regarde, m'examine, et décrète que je vais très bien. Le premier a rempli sa feuille de rapport sans un regard. Le second m'a accueilli, questionné avec douceur et attention. Il a essayé de voir en moi plus loin que l'apparence. Cet homme me libère non seulement de la maison des fous mais, aussi, un peu, d'une autre prison, intérieure celle-là.

Je ne mesure pas immédiatement ce qui vient de se passer. Je me rends au dortoir où je ramasse quelques affaires. Un infirmier me demande de le suivre. Je m'installe avec lui dans une ambulance. Il démarre sur les chapeaux de roues et fonce, sirène hurlante, comme si j'étais un blessé grave.

Nous faisons halte dans une maison de l'Assistance publique. Une dame m'ordonne :

— Mets ton doigt sur ce tampon, appuie fort, puis applique-le ici.

Je laisse ma marque dans un carnet. Me voilà fiché. Je ne suis plus seulement un numéro, je suis un doigt. Il y a du progrès en humanité. On peut changer un nombre, pas une empreinte digitale. C'est un exemplaire unique. Cela n'empêche que, durant des années, on ne m'a jamais appelé par mon nom mais par mon matricule.

Neuf ans.
Les griffes de la nourrice.

Nous sommes quatre de l'Assistance à être en pension chez une fermière. Elle nous accueille pour le fric. Cette femme est méchante, avide et laide. Un dragon avec des cheveux collants et un chignon gras. Une fée Carabosse dont je dois cirer les bottes chaque matin. Je la hais de tout mon cœur, de toute mon âme, d'autant plus que j'ai espéré follement son amour.

La sorcière m'oblige à nourrir les bêtes, le soir, et à astiquer les meubles, le matin. Ces contraintes m'empêchent de m'atteler à mes devoirs, ce qui provoque des déluges de mauvaises notes à l'école, qui eux-mêmes provoquent des déluges de claques, de dérouillées... Le cercle vicieux. Engueulades à l'école, engueulades à la maison.

Son supplice préféré est de me forcer à marcher, jambes nues, dans le fossé aux orties, une tranchée qui longe un champ proche, en m'obligeant à répéter des résolutions imbéciles. Par exemple : « On n'a pas trait les vaches ensemble, on ne tutoie pas quelqu'un de son âge », quand je viens de dire « tu » à l'un de mes congénères, plus jeune de trois mois...

Ce qui me révolte le plus, c'est que cette sale bonne femme se dit chrétienne. La bigote m'interdit, sous prétexte que je ne suis pas baptisé, de manger viande et œufs. Pour la même raison, le Suisse, ce garde du corps de l'Église qui parade avec un costume de carnaval napoléonien pendant les cérémonies, me surveille durant la messe dominicale et m'oblige à baisser les yeux pour ne pas regarder l'hostie à la consécration. « Tu n'en es pas digne », m'a-t-il dit un jour. Je courbe la tête en imaginant que je lui envoie mon pied dans les roustoutouilles. Au moins les clochettes des enfants de chœur auraient une bonne raison de sonner...

Ma nourrice-bourreau me pousse à l'église. Non pour découvrir Dieu mais pour y cirer bancs et parquets. Elle est obsédée du « tout-propre », du « tout-doit-briller », une maniaque de la cire.

Je souffre tellement de la faim que, un matin de corvée de sol, je profite de la solitude dans ce temple humide de campagne pour ouvrir le tabernacle. Je décapsule un vase doré, je saisis les rondelles blanches qu'il contient et je les mange. Je vide la coupe. Je me bâfre d'hosties.

J'apprendrai plus tard, de personnes autorisées, qu'elles sont consacrées. Que se cachent, sous les apparences de ce pain pâle et rond, dans chacune de ces parcelles légères toute l'humanité et toute la divinité de Jésus-Christ, l'homme-Dieu venu rejoindre les hommes. Je viens de faire, dans ce larcin d'enfant affamé, ce qu'on appelle la première communion. Pour l'heure, j'ignore tout de ce mystère, du péché de gourmandise et de ce que certains qualifieront de blasphème.

Je me bâfre du Christ sans le savoir, et ce sacrilège innocent annonce sans doute une autre faim, celle de ce Dieu qui seul peut panser les blessures d'amour et combler le cœur de l'homme.

Je vide les vases sacrés de leur contenu, puis la réserve de la sacristie. Je fais une orgie d'hosties.

Le midi, en rentrant à la ferme, mes frères de galère sont déjà à table. J'ai tellement froid aux mains que je n'arrive pas à tenir ma fourchette. La salope me retire l'assiette :

— Puisque tu ne veux pas manger, tant pis pour toi, tu la retrouveras ce soir...

Encore un après-midi à passer le ventre vide, j'en ai marre. Le pain de Dieu ne pèse pas lourd dans mon ventre vide.

Est-ce ce jour-là que le curé vient dîner chez ma nourrice ? Il me sermonne :

— Souviens-toi que tu n'es pas baptisé, mon garçon... Si tu meurs, on ne pourra pas t'enterrer dans le cimetière des hommes, on sera obligé de t'enterrer avec les animaux !

Eh bien, c'est décidé, curé, je préfère être enterré avec les bêtes qu'avec les chrétiens. Les animaux, eux, au moins, sont gentils.

Je refuse d'entrer dans l'Église de cette nourrice brevetée catho qui m'offre l'enfer au lieu du Ciel.

L'assistante sociale débarque un jour pour une inspection surprise. La nourrice prétend que je suis absent – j'entends la vipère à travers les lattes du parquet – alors que j'astique le plancher au premier étage. Je descends, c'est ma chance. J'espère que la fonctionnaire va repérer son mensonge, détecter que quelque chose cloche dans cette baraque de malheur, mais la fermière hypocrite me cueille au bas de l'escalier :

— Ooooh, tu étais là, Philippe chéri ? Je ne savais pas. N'est-ce pas que tu es heureux ici ?

Chaque matin, je cire pour elle, de tout mon cœur, je donne le meilleur de moi dans ce geste répétitif, n'espérant qu'un regard de gratitude, un mot de sa part : « C'est beau, ce que tu fais. » Cette femme m'aurait dit une fois, une seule fois : « Bravo, c'est beau », je crois que j'aurais pu lâcher, malgré sa cruauté : « Oui, je suis heureux ici. » Elle ne m'a jamais donné que du mépris.

— Hein, Philippe, n'est-ce pas que tu es heureux ?

La méchante bigote me pince le haut de l'épaule, en vrillant la peau. À croire que les assistantes sociales ont de la merde dans les yeux ! Je ne réponds rien, je remonte l'escalier quatre à quatre. Des larmes de haine coulent silencieusement sur mes joues.

La nourrice montre l'étage à l'inspectrice.

— ... et voici les deux chambres ; chaque garçon a son lit.

J'ai envie de hurler :

— Ne l'écoute pas, elle ment, cette salope, elle ment ! On ne dort pas là. Ça, c'est les lits pour toucher la pension de l'Assistance. On dort dans la grange, sur des sommiers pourris !

J'ai envie de hurler tout ça et bien d'autres choses. On ne me croirait pas, et je suis tellement las.

J'ai déjà essayé de me suicider un mois plus tôt, en me jetant d'un immense empilement de troncs dans la forêt voisine. Un bûcheron est mort ainsi, accidentellement. Son décès m'a inspiré cette idée. Je me suis donc balancé du sommet de cette pyramide de bois, espérant trouver le grand sommeil au bout de la chute, mais je n'ai récolté que bleus, courbatures et égratignures.

Le 9 août, jour de mon anniversaire, je décide de récidiver, et cette fois de ne pas me rater. J'ai trop mal. J'ai envie que ça s'arrête. Des migraines atroces me vrillent le crâne – peut-être la faim ? Et tous ces coups reçus... J'en ai assez de subir, assez de souffrir.
Cette nuit de mon anniversaire, je me lève, je me rends aux cabinets, au fond de la cour de la ferme. J'attache une corde au montant de la charpente, je grimpe sur le trône et je me balance sans hésiter.
Le nœud se serre autour de mon cou, il m'étrangle, et j'entends un grand craaac. La charpente vermoulue s'écroule, les tuiles me tombent sur la tronche, je suis assis dans la merde et je chiale.
Décidément, je rate tout. Même la mort ne veut pas de moi ! Ce soir-là, j'ai neuf ans et je suis vraiment dans la merde...

Quelques jours plus tard, la nourrice me pousse méchamment sur le bord d'un lit métallique alors que je balaie sa chambre. La douleur est atroce et mon bras pendouille, inerte. Elle m'oblige à laver la vaisselle en répétant : « Je n'ai pas mal, je n'ai pas mal... »
J'ai de plus en plus mal.
Le lendemain, elle est contrainte de me conduire à l'hôpital. Devant ce bras cassé, couleur jaune et noir, les médecins m'interrogent. Je raconte l'incident. Ils me poussent dans mes retranchements. J'avoue les sévices de la nourrice.
Le personnel médical sonne l'alarme auprès des services sociaux.
Une enquête a lieu aussitôt.

Des garçons du village témoignent que je me plains souvent de la faim, et que je souffre de crampes d'estomac et de maux de tête.

On me retire de cette ferme juste avant que j'essaie une troisième fois d'arrêter de vivre et de quitter l'enfer.

Une dame, un peu boulotte, avec de la moustache et une queue-de-cheval, vient me chercher. On part en voiture. On roule en silence une petite heure, en pleine campagne. Après soixante kilomètres environ, nous entrons dans une cour boueuse. Une autre ferme, je serre les poings. On se gare près d'un immense tas de fumier. L'assistante sociale a peur de glisser, elle marche à petits pas en reniflant avec dégoût. Les excréments, moi, ça ne me dérange plus trop, depuis l'hospice, la maison des fous et la ferme de la bigote.

Une dame avec un mouchoir sur la tête nous accueille. L'assistante sociale me dit :

— Voilà, maintenant tu vas habiter ici. Et tu seras bien sage.

Les deux dames parlent ensemble à voix basse. Moi, j'écoute les bruits de la ferme, les cot-cot, coin-coin, ploc-ploc... Puis l'assistante sociale s'en va. La dame me fait entrer dans une cuisine sombre qui sent bon et propose :

— Tu as faim, tu as soif, tu veux quelque chose ?

Je ne réponds rien, je me tiens sur la défensive. Est-ce une nouvelle sorcière ?

— Tu n'as pas de langue ?

Je reste muet. Un petit homme très bronzé arrive soudain dans la cuisine, un béret sur la tête, un mégot jaune vissé au coin de la bouche, l'air gentil. Il me sourit :

— Ah, te voilà !

Comme s'il m'attendait depuis longtemps. C'est le mari de la fermière au fichu.

La femme me sert une assiette de soupe en ajoutant :

— Tu peux dire « merci, maman ».

Silence en moi. Blocage. Refus. Comment dire maman à une dame qui n'est pas ma mère ? On n'en a qu'une, c'est pour la vie. Je ne touche pas à la soupe. Le petit bonhomme vide son assiette avec des bruits de bouche.

Puis nous visitons la maison et ma chambre, à l'étage :

— Ici, t'es chez toi.

Je redescends dans la cuisine, toujours silencieux. Il me dit simplement :

— Fils, tu viens ?

Je le suis dehors. Nous montons sur un tracteur orange décapoté. Il m'invite à m'asseoir à sa gauche, sur le siège métallique. Il me regarde, ses yeux brillent, je le sens heureux :

— Ça va, Pio ? On y va...

Pio, en ch'timi, signifie « petit ». Je l'ai appris plus tard. Tout de suite, j'ai senti qu'il y avait de l'amour derrière ce mot-là.

Nous traversons le village sur le tracteur. Le fermier salue tout le monde de la main comme un président qui descend les Champs-Élysées le 14 Juillet. Moi, je suis fier et en même temps pas très rassuré sur cet engin sauteur qui rebondit sur ses pneus boudins à chaque cahot. Je me cramponne à mon siège. Nous allons dire bonjour à la mamie Charlotte et ensuite à l'oncle Georges, le frère de sa femme. Tous gais et très gentils. Mon père adoptif, qui se prénomme Gaby, me présente ainsi : « Voilà le pio qu'on est allés chercher en ville... Voilà notre pio... »

Comme il a souvent soif, on s'arrête chez les uns, chez les autres, boire un café par-ci, un café par-là, dans une bonne humeur communicative. Dans ce village, tout le monde a l'air de bien s'entendre.

De retour à la ferme, nous allons rendre visite aux vaches, puis aux cochons – leurs grognements m'effraient –, aux lapins, aux poules, aux canards de Barbarie, reconnaissables à leurs bosses cramoisies, aux pintades et aux dindons.

— Pio, viens voir le petit veau, me dit mon nouveau papa.

Il mélange dans un seau du lait en poudre et de l'eau. Après avoir trempé ses doigts dans la mixture, il les glisse dans la bouche du petit veau noir et blanc, allongé dans la paille.

— Regarde, mon Pio : tu mets ta main dans sa bouche, ça le chatouille et il suce.

J'essaie. Le veau me tète les doigts. Il est tellement émouvant avec ses grands yeux suppliants.

Après avoir trait les vaches, on rentre à la maison. Il fait nuit. Je viens d'avoir neuf ans et j'ai une trouille terrible du noir. Les cloches du village s'ébranlent et se déchaînent. J'ai la pétoche. « Oui, il y a un mort », dit mon nouveau papa. La nuit est un tunnel où résonnent les cloches lugubres. Le retour n'est pas gai. Monsieur Gaby sent ma crainte, me tapote la cuisse :

— T'inquiète pas, je suis là, mon Pio.

Son geste, ses mots me rassurent.

Soudain, la maison sort de l'ombre avec ses fenêtres allumées.

— Pio, viens te laver les mains.

Mon père nourricier, comme on dit à l'Assistance,

me passe le savon. Son mégot joue à l'acrobate sur la lèvre inférieure. Il retire son béret, découvrant, à ma grande stupeur, une calvitie presque blanche sur le milieu du crâne.

À table, je m'installe à côté de lui, fier. Il parcourt rapidement le journal en jetant de furtifs coups d'œil de mon côté. Je sens que j'existe pour lui. Ma nouvelle mère aussi me regarde de ses yeux vifs, plissés, avec bienveillance. Il lui manque des dents. Elle m'intimide avec son fichu sur la tête, ses joues rouges et ses mains noueuses. Elle sert la soupe dans de larges assiettes creuses. Sur la table, une quatrième assiette reste vide, sans propriétaire. Je m'interroge sur ce mystère lorsqu'une jeune fille arrive, taille moyenne, cheveux mi-longs, brune, un visage large au regard gentil. C'est leur fille Françoise. Elle me dit bonjour en me fixant dans les yeux, avec assurance. Le repas est exquis. Je hume avec délices les bonnes odeurs de la cuisine.

Françoise, ma nouvelle sœur, va à l'école ménagère. Sa chambre est voisine de la mienne. Après le dîner, je vais l'explorer en cachette. Là, sous un torchon, sur sa table, je découvre un mille-feuille géant. Le gâteau est tellement appétissant que je ne résiste pas. Je le croque sans façon. Elle me surprend, la bouche pleine, et m'engueule gentiment. Je viens de lui dévorer le gâteau préparé avec soin pour son concours de l'école ménagère ! Elle mérite la meilleure note, je suis seul à le savoir !

Son père rigole, sa mère s'inquiète. Elle se demande si je ne vais pas être malade d'indigestion. Mon père nourricier la rassure :

— Il est robuste comme un Turc, notre Pio, il pourrait avaler une enclume !

Je ne sais pas ce qu'est un Turc, mais j'aime qu'il m'appelle « notre Pio ».

Dire qu'il y a quelques jours, je voulais mourir...

Je m'endors, le ventre plein, en me léchant les babines, sans rêve triste, en pensant à mon ami le petit veau noir et blanc, et surtout à cet homme qui me nomme, pour la première fois de ma vie, « mon petit », et que, demain, j'appellerai papa.

.

Dix ans.
Bonheur en flammes.

Le lendemain matin de mon arrivée à la ferme de Papa Gaby, je pars à pied pour l'école, un cartable tout neuf sur le dos.
 Je suis le plus grand et le plus large de la classe, dépassant tout le monde d'une bonne tête. La mienne, rasée et cabossée, est plutôt repérable. L'institutrice, à cause de ma taille, me place en cours élémentaire. Malgré mes neuf ans, je ne suis allé à l'école que quinze jours dans ma vie. Je ne sais lire que l'heure. Je suis un puits d'ignorance et je saute deux classes.
 Un matin, cette femme plate et sèche me demande d'aller au tableau copier la dictée. Ne sachant écrire, je dessine ce que le texte qu'elle lit lentement, en articulant, évoque : un cheval, une carriole et un monsieur qui ressemble à Papa Gaby. Toute la classe éclate de rire devant ma fresque. L'institutrice pense que je me fiche d'elle, s'approche, furieuse, et me tire l'oreille droite. Aïe ! Cette oreille est mon chef-d'œuvre en péril. Je grimace de douleur. Elle me crie dessus, je suis devenu hermétique aux hurlements.

J'ai mis au point avec mon père une technique de protection personnelle : je me roule en boule au fond de moi, comme un hérisson, et j'attends que l'orage passe. Cette résistance passive attise sa rage. Elle crie en m'empoignant :

— Enlève ta blouse et mets-la à l'envers, espèce d'âne !

Puis elle me coiffe d'un drôle de chapeau avec deux pointes en formes d'oreilles. Je trouve ça rigolo. Elle m'ordonne d'écrire sur une ardoise : « Je suis un âne. » Comme j'en suis incapable, elle croit que je me mets en grève. Tremblante de colère, elle l'écrit elle-même, puis m'accroche l'ardoise sur le dos et m'oblige à faire le tour de la cour durant la récréation. Les autres ricanent, me montrent du doigt, se moquent... Je comprends alors que ce n'est pas un jeu, et que le but de sa manœuvre est d'humilier.

À partir de ce jour, l'école m'apparaît comme une connerie monstrueuse. Je déteste cette institutrice qui exige des choses que je ne sais pas faire, qui punit pour des choses que je ne peux pas faire. Elle ne cherche pas à expliquer, à partager son savoir, ni à donner envie d'apprendre. Elle n'a même pas l'humilité de s'excuser quand elle se trompe.

Pour me venger, un soir, je lui joue un tour à ma façon. Je fabrique une tête de mort avec une betterave à sucre. Facile, il suffit d'enfoncer des poils de maïs au sommet de la betterave en guise de cheveux, deux boulets de charbon à la place des yeux, un os de dinde pour la bouche, et de planter le masque au sommet d'un bâton. Avec un copain, nous attendons la nuit. On se faufile jusqu'à sa maison. Je cogne à sa fenêtre. Elle s'approche et aperçoit notre tête de mort qui se balance devant elle en ricanant. La trouille de sa vie ! Elle tombe en syncope. Je n'éprouve aucun regret.

Enfin, les vacances arrivent, pleines de courses dans la campagne, de rires et de soleil. Je me réveille au chant du coq et je pars, après un bon chocolat crémeux, avec Papa Gaby, sur le tracteur, traire les vaches au champ. Avec un regard complice, on hume à plein nez, à pleine bouche, les parfums de la campagne qui se réveille sous la rosée.

Traire une vache, on dit que c'est facile, qu'il suffit de presser le pis, tu parles ! Marguerite, surtout, est capricieuse. Un matin, d'un coup de fesses, elle bouscule mon tabouret, et je m'étale dans un mélange de bouse et de lait renversé. Papa Gaby éclate d'un rire énorme.

— Eh, Pio, tu t'y prends comme un manche !

Il se roule une cigarette avec soin, se la coince à la commissure, là où elle va pendouiller durant des heures, puis il prend son tabouret et m'initie, avec patience, à l'art délicat de la traite.

— Regarde, Pio, comme ça... Sans forcer, régulièrement, surtout avec la Rita, qui souffre des mamelles. Elle est belle, Rita, elle nous donne toujours de magnifiques génisses, n'est-ce pas, Rita ?

Il caresse la bête. La vache me fixe de son air doux et triste qui m'émeut.

Papa Gaby entoure ses vaches d'une affection tendre et paternelle. Nous ramenons les brocs de lait à la ferme avant d'aller nourrir les deux cents verrats. Le fumier fume, les pigeons roucoulent, l'ordre règne sur la terre où gonflent les semences. Mes blessures d'amour cicatrisent, lentement.

Un jour, une bineuse de betteraves, une femme polonaise, m'offre un minuscule chiot noir. Je n'ose pas le dire à Papa Gaby et je cache mon petit amour de chien dans la porcherie. Je le confie à une truie, une bonne maman, qui s'en occupe comme si c'était le sien. Un matin, au petit déjeuner, Papa Gaby déclare solennellement :

— Colette, la truie a eu un petit couleur charbon. Il va falloir le tuer.

Je me sens tout chose, le cœur serré. Le chocolat au bord des lèvres, je bafouille :

— Non, non, ne le tuez pas... Euh, ce n'est pas un cochonnet anormal... euh... c'est une chèvre !

Ils éclatent de rire devant ma confusion. Ils ont suivi mon manège depuis quelques jours.

— T'inquiète pas, Pio, on va pas y toucher, à ton chiot ! Pourquoi tu nous l'as pas dit ? Un animal de plus ou de moins, tu sais...

Je les embrasserais !

Durant des années, la douleur s'est conjuguée pour moi à la laideur. Ici, à la ferme, je découvre le bonheur, frère de la beauté. Tout y est vrai et bon, les bêtes comme les hommes. Papa Gaby n'est pas un Adonis, un mannequin de catalogue, lui, il est beau dans son cœur, ce cœur qu'il ouvre pour moi.

Heureux, je m'attache de plus en plus à ce nouveau papa. Nous allons ensemble saluer les Polonais et les Yougoslaves qui viennent biner les betteraves. Puis nous rendons visite au forgeron qui ferre les percherons de l'oncle Georges. Il construit aussi des remorques, répare les tombereaux. Je contemple, fasciné, cet athlète aux bras énormes, drapé dans son tablier de cuir. Campé dans son antre sombre, comme dans une grotte, devant son enclume massive, il frappe en cadence le métal rougi, dans l'expiration du soufflet, le front en sueur. Cet homme aux gestes d'artiste me paraît tout-puissant puisqu'il dompte les animaux, maîtrise le fer, apprivoise le feu. Dans ses pinces, chaque pièce prend sa forme, martelée dans le rugissement. Puis, trempée, immergée dans la cuve, au milieu d'un nuage de vapeur, elle devient unique.

Le garde champêtre bat son tambour sur la place de l'église, devant le monument aux morts. D'une voix de théâtre, il annonce une coupure d'eau ou d'électricité. Ou encore l'arrivée du marchand de peaux de lapin, une route barrée à cause du goudronnage, la fête des Moissons, pour laquelle nous transformons les remorques des tracteurs en chars fleuris. Puis le garde va vider un verre au café du Centre.

L'année culmine avec la moisson. On emplit les remorques de grains de blé et l'on part en procession à la coopérative. Assis sur le trésor où courent des perce-oreilles, je me prends pour un prince. Je m'enivre du parfum douceâtre du blé chaud. Quelques instants plus tard, je suis émerveillé par la pluie dorée qui se déverse dans le silo.

On rentre la paille à la fourche. Les hommes chargent en riant les balles sur la remorque. Ruisselants, ils les jettent, d'un coup de hanche, avec des « ah » de lanceurs de poids. L'énorme chargement prend lentement le chemin des hangars. Mon nouveau père n'est pas le dernier à travailler. Je l'admire, il est magnifique.

Cet été-là, il m'apprend à conduire le tracteur. Je suis tellement heureux et fier que je me trompe, j'enclenche la marche arrière sans le faire exprès et je rentre dans la porte de la cave de la grand-mère Charlotte ; la porte explose sous le coup. Elle est transformée en petit bois... On a échappé de peu à l'accident : le tracteur a une roue dans le vide. Papa Gaby ne m'en veut pas : « Comme ça, la prochaine fois, tu sauras où est la marche arrière ! » Il profite de mes erreurs pour m'instruire. Pas comme l'institutrice...

Je commence à goûter le bonheur d'être aimé en me disant que cela va peut-être durer.

Un matin du mois d'août, Paulo, un neveu de Papa Gaby et de Colette, me propose de construire une cabane de paille dans le hangar de la ferme. Il a deux ans de plus que moi. On s'entend bien. Nous avons trouvé des bougies dans un blockhaus qui sert de base arrière à nos jeux. Paulo allume les bougies, c'est joli. La paille s'embrase aussitôt. On n'y a pas pensé. On essaie d'éteindre. Trop tard. Vite, je sors les vaches qui mugissent, apeurées. Le feu devient puissant, ronflant comme la forge. En quelques minutes, le hangar se transforme en une torche gigantesque. Paulo s'enfuit. Je me retrouve seul devant ce brasier, ses tourbillons de fumée, ses flammèches folles. J'ai peur. Je prends mes jambes à mon cou, immensément triste, pressentant que mon bonheur brûle avec ce hangar.

Toute la journée, je marche au hasard dans les chemins creux et dans les champs, le cœur chaviré, le visage ravagé par des larmes de colère et de désolation.

Les gendarmes me coincent en fin d'après-midi. Ils me ramènent à la ferme. Je me fais engueuler, sans plus. Papa Gaby n'est pas dans son assiette, je le sens mal à l'aise, il évite de me regarder. Le visage de Colette s'est cadenassé, elle ne dit rien. Elle finit par lâcher :

— On va venir te chercher !

Ces mots sonnent le glas. Elle ne pardonnera

jamais, je le sais. J'essaie en vain d'expliquer. On ne m'écoute pas. Mon sort est arrêté, le jugement définitif. Je comprends que Paulo m'a fait porter le chapeau. La parole d'un enfant de l'Assistance ne pèse pas lourd dans la balance. Je suis l'accusé numéro un, privé de défense.

Un gosse qui vient de nulle part et n'appartient à personne a toujours tort, surtout quand les choses se gâtent.

Je vais devoir quitter la ferme et mon Papa Gaby. Cette idée m'est insupportable.

Onze ans.
En maison de correction,
section « Durs à cuire ».

Le soir même de l'incendie, une assistante sociale vient me chercher.

Il n'y a pas d'adieu. Je ne veux pas quitter Papa Gaby, lui ne veut pas me quitter non plus. Il s'est attaché à moi, je le sais. Nous nous sommes apprivoisés. Nous ne pouvons plus vivre l'un sans l'autre. Il me considère vraiment comme son enfant, et cette séparation lui déchire le cœur. Colette, qui porte la culotte, a dû lui imposer cette décision cruelle, et la honte de devoir se soumettre à ce verdict injuste s'ajoute à sa peine.

Il ne m'embrasse pas afin de ne pas pleurer. Il reste dans un coin de la cuisine, le visage bouleversé. Son mégot immobile, les yeux à terre, comme un chien battu. Colette m'a ouvert sa maison, pas son cœur. Elle non plus ne m'a pas embrassé. Je ne suis pour elle qu'un pensionnaire alimentaire. Mon rêve d'amour s'écroule comme les murs du hangar dont il ne reste que des vestiges calcinés, des tôles tordues et noirâtres, des cendres que les pompiers arrosent encore quand je monte dans la voiture.

Je ne me retourne pas.

Ce long voyage est une descente en enfer. Je devine, à l'air buté et sévère de l'assistante sociale, que je suis condamné à un traitement de choc. Mon imprudence est interprétée comme de la malveillance, c'est trop injuste. Nous restons silencieux durant le trajet. Je ne veux montrer à cette femme étrangère ni mes larmes, ni ma peur, ni ma colère. En entrant dans la cour de la maison de correction de D., près de La Rochelle, je reçois comme un pavé dans la gueule. Ce centre a une réputation de camp de concentration.

Le directeur se lance bille en tête dans son discours d'accueil :

— T'as intérêt à marcher droit ! On t'a à l'œil. Les têtes brûlées, on les mate, on les brise, on les fait marcher au pas.

On me rase les cheveux, on m'habille de coton bleu, l'uniforme pénitentiaire, et on me conduit au réfectoire. Un éducateur me jette :

— Va t'asseoir avec les autres !

Je suis lâché dans l'arène des fauves.

Les soixante-dix garçons de la section regardent le bizut que je suis comme une mouche à qui on va arracher les ailes. Et ce groupe hostile commence la torture.

Dès que je trouve une place où m'installer, ils me chassent : « Casse-toi ! tire-toi ! » Ils piquent ma viande dans mon assiette, puis mon dessert, avec des sourires hypocrites. Ces chacals me terrorisent, je n'ose rien dire. Le chef de la bande, celui qui fauche mes parts de nourriture, m'attrape avec ses complices dans les couloirs, me ceinture et m'étrangle à moitié. « C'est toi qui as fait des crasses à mon frère ? » Non, non, je ne sais même pas qui est son frère. Il menace et frappe. Tous les jours, la même galère, la trouille au ventre en permanence. Je n'arrive pas à avoir des copains. Ils sont tous ligués contre moi, par frousse ou méchanceté.

Ma gueule cassée d'enfant battu ne revient ni aux éducateurs, ni aux jeunes de ma condition. Je ne suis aimable pour personne. La colère monte en moi, mais la peur est encore la plus forte.

Une nuit, ça déborde. La peur, la solitude, la tristesse, le désespoir. Je pleure à gros sanglots, en étouffant ce chagrin dans les draps de mon lit. Le lendemain, un éducateur qui se prend pour Charles Bronson me lance au réfectoire :

— Alors, le chialeur, vas-y, pleure devant tout le monde !

Tous se moquent et renchérissent :

— Eh, le chialeur, le chialeur...

Je suis trop pauvre pour avoir le droit de pleurer. Pouvoir exprimer ma douleur est un luxe qui m'est refusé. Mes larmes n'ont pas le droit d'être, ni de se laisser voir. Alors, je mens avec ma souffrance, je bluffe. Je ferme les écoutilles de mon cœur, les vannes de mes larmes. Je me bats pour ne plus pleurer. Ça pique le haut du nez, ça prend à la gorge et ça serre dans la poitrine. Mais ça marche.

Je transforme mes sanglots en colère, en boules de rage. Toute la haine accumulée contre la méchanceté gratuite et la bêtise odieuse devient comme une boule de feu qui tourne en moi et cherche à sortir. Je suis possédé, dévoré par l'envie de détruire cette racaille qui m'effraie et me dégoûte.

Pendant trois mois, je subis les menaces, les accusations, les vexations, les punitions, les moqueries, sans rien dire, sans un mot, sans une larme.

Un midi, sans préavis, je deviens ce qu'on m'a

accusé d'être : une tête brûlée. La boule de haine sort de moi. Comme d'habitude, le petit caïd lève la main pour me piquer ma viande de ses doigts sales. Je le regarde pleins phares, dans les yeux, je saisis ma fourchette et je la lui plante dans la main. L'enfant trouillard que j'étais devient un fauve. Il hurle, je le fixe sans broncher, sans lâcher la fourchette. Toute la rage accumulée en cent jours d'enfer se déchaîne. Trois éducateurs se ruent sur moi. Je ne veux pas délivrer ce fumier. Je jouis de sa douleur. Sa main transpercée est fixée dans mon assiette comme un papillon de musée.

Ils me frappent, tirent mes vêtements, réussissent finalement à me faire lâcher prise. Je me laisse tomber en arrière. Je bondis sur le chariot à desserts, je saisis la louche à compote et je tape, je tape celui qui m'a cogné le soir de mon arrivée. La vengeance est un plat qui se mange froid, parfois avec une fourchette et une louche à compote. Les éducateurs me ceinturent et m'administrent une dérouillée au sol, mais les coups ne m'atteignent plus. Je suis vacciné depuis ma « plus tendre enfance », comme on dit – cette expression m'a toujours fait rire.

Quand je me relève, je suis mal en point, je saigne du nez. Je regarde les autres avec un air de défi. Je suis libre. Libéré de leur tyrannie. Libéré de la peur. Bras d'honneur.

La promotion est immédiate. Je suis muté en section D.

D comme Durs à cuire. La nuit, mes nouveaux congénères, profitant de mon sommeil, me bizutent au cirage. La vengeance est instantanée. Je remplis de merde deux ventouses à déboucher les chiottes et je tente d'étouffer mes bizuteurs avec ces excréments. Les éducateurs se précipitent. Nouvelle dérouillée.

Mes digues intérieures ont volé en éclats. Je reçois une formation accélérée à la destruction. Je deviens redoutable. La violence, je la sens désormais monter, comme une cuisinière sait que l'eau va bouillir dans la Cocotte-Minute quelques secondes avant que celle-ci se mette à siffler. Non seulement je perçois, grâce à un sixième sens, cette tension, où qu'elle se manifeste, sur le terrain de sport, dans les escaliers du dortoir, ou en salle de douche, mais je ne crains ni son impalpable montée en puissance ni son explosion. J'ai payé le prix fort, je ne la redoute plus.

Le lendemain, on m'isole, on me dérouille, on me sermonne. Nouvelle mutation. Je rejoins la section C. Les durs de durs, les indomptables. Là, surprise. Je craignais le pire, mais je reçois un accueil fraternel. Un garçon de dix-neuf ans m'adopte et m'appelle « petit frère ». Les éducateurs, très calmes, maîtres d'eux-mêmes, ne privilégient personne.

Avec mes douze ans, je suis le benjamin d'un groupe qui compte une vingtaine de garçons de dix-huit à vingt ans. Pas des enfants de chœur. La plupart ont fugué à plusieurs reprises et volé. Ils racontent avec simplicité le « monde » et la « vie ». Je suis béat d'admiration devant ces rasés numérotés, ces grands frères de galère, aux portes de la liberté, ignorant que la plupart ne quitteront, à vingt et un ans, notre petite prison que pour rejoindre la grande. Les plus chanceux intégreront la Légion étrangère, les commandos ou les bataillons disciplinaires. Pour moi, ils sont beaux et authentiques. Malgré leur force et leur violence, ils ne m'ont ni accusé, ni menacé, ni bizuté, ni persécuté. Ils m'ont adopté et protégé, ces frères aînés de l'abandon. J'écoute le récit de leurs aventures, fasciné. J'observe leurs blessures, je recueille leurs souvenirs, je reçois avec respect leurs expériences. Je vénère cette humanité cachée qu'ils dissimulent sous des airs de dur. Je découvre aussi que j'ai déjà vécu à douze ans ce qu'un gars de vingt ans, normalement constitué, n'affrontera sans doute jamais.

Je suis un peu comme une bagnole en rodage qu'on a poussée à fond sur des chemins de terre défoncés. Mon moteur est débridé, quelque chose s'est cassé en moi.

Le plus dur, dans l'enfance blessée, c'est de devoir paraître plus grand, plus fort, plus mûr que ce que l'on est en réalité. Alors qu'on a seulement l'âge d'être un enfant. Recevoir sur ses épaules frêles la veste quotidienne de la violence quand on aimerait porter le manteau de la tendresse.

Les gendarmes ramènent un jour à la maison de correction un adolescent de la section C qui vient de fuguer durant plusieurs semaines. C'est un dur, le plus dur des durs, d'après les frères aînés qui évoquent ses hauts faits avec crainte.

Le directeur nous convoque sur le terrain de football. Nous nous alignons, comme d'habitude. Sous nos yeux, des éducateurs commencent à frapper ce garçon, à le rouer de coups, c'est la coutume. Il s'écroule à terre, ils continuent à taper. À coups de pied. Dérouillée publique, pour l'exemple.

— Voilà comment je traite les fugueurs. Vous pouvez disposer ! conclut le directeur devant le corps inerte, avant de tourner les talons.

La cérémonie est terminée, personne n'ose bouger.

Je sais, moi, que je dois aller vers lui. Je m'avance, un frère aîné me rattrape :

— Non, n'y va pas, il peut être très méchant !

Je ne l'écoute pas. Je marche vers le corps prostré, toujours à terre, immobile. Je me poste devant lui et déclare :

— Moi, plus tard, je ferai comme toi.

Le garçon bouge, lève la tête, me regarde avec intensité en cillant. Le ciel se reflète dans ses yeux bleus, un regard clair et pur, pas celui d'un fuyard ou d'un lâche. Il murmure, le nez en sang :

— Petit frère, déconne pas, c'est eux les plus forts !

Ce jour-là, dans le secret de mon cœur, ce garçon devient mon héros. Cet adolescent me ressemble, sans racine, sans identité, avec quelques années de plus. Je veux surpasser mon modèle. Je décide, en voyant son nez cassé qui pisse le sang, d'être plus malin que lui et plus fort que ces éducateurs qui l'ont obligé à plier. Je vais les user jusqu'à la corde, ils vont craquer. Peu importe le prix à payer. Je jure d'être le premier à être renvoyé d'une maison de correction. Voilà enfin un but à ma vie.

Mon destin bascule à cause d'un nez éclaté sur la face battue d'un frère de galère.

Je ne peux pleurer, crier au secours, demander grâce, implorer pitié, supplier le Ciel. Personne ne m'entend, ni ne pense à m'écouter. Deux solutions se présentent : soit j'obéis au système jusqu'à la destruction finale, ma réduction à l'état d'esclave rampant ; soit je réagis contre l'injustice et l'incompréhension pour être enfin moi-même et ne plus étouffer. Je choisis la rébellion.

L'homme peut-il modifier son destin ? Sujet de réflexion pour un bac de philo. L'enfant sans famille ne se pose pas la question. Il répond avec sa vie, sa rage et son désespoir. Et il modifie son destin.

Oser être différent, dans la galère, c'est slalomer en zone d'avalanche : ça passe ou ça casse. Celui qui ne compte pour personne ne se prend pas la tête lorsqu'il tombe. Il ne se lamente pas, ne s'effondre pas en larmes. Il se relève et repart, animé d'une nouvelle violence.

J'en ai marre de m'aligner tous les matins et d'entendre l'énumération des noms pour le courrier, une liste où je n'ai jamais ma place. Untel, une lettre, untel un colis, untel, deux lettres… Nous sommes nombreux à ne jamais être appelés, et je décide de ne plus rêver, de ne plus croire au miracle. Ma mère s'est évanouie dans la nature, mon père a disparu. Je ne suis le fils de personne, un point c'est tout.

— Guénard, une visite pour toi !
— Sale blague…
— Guénard, je blague pas. Il y a quelqu'un pour toi au parloir !

Tout d'un coup, les battements du cœur s'accélèrent. Boum boum, boum boum ! J'ai tellement envie de croire, malgré mes résolutions de ne plus rêver pour ne plus être déçu, que c'est ma mère qui revient enfin… Le malheur est parfois si puissant qu'il doit bien pouvoir aider le destin à basculer de temps en temps ?

Je pousse la porte du parloir et j'aperçois Papa Gaby. Ni mon père ni ma mère, mais mon Papa Gaby dont j'ai incendié le hangar à foin. Après six mois d'internement et de séparation, il ne m'a pas oublié. Je ne m'attendais pas à cette visite, je suis désarçonné. Je me souviens du silence entre nous, du regard bienveillant et inquiet de mon père nourricier. Il s'en veut de m'avoir lâché sans m'avoir défendu, d'avoir plié devant sa femme, je lis tout cela dans ses yeux malheureux. Il ne m'a pas adopté de crainte que ma mère ou mon père ne veuillent un jour me récupérer. Il le regrette amèrement. Oui, je lis la tristesse et le remords dans son regard. Mais c'est trop tard, papa.

Il me demande, effaré devant ces couloirs sinistres et la gueule patibulaire des éducateurs :

— Tu vas bien ?

Je réponds :

— Oui, ça va.

Que puis-je dire ? Qu'en six mois je suis devenu un fauve qui sait mordre ? Que je regrette les virées en tracteur, le travail au champ, la tournée des bêtes, la soupe fumante, les fous rires, l'odeur du chaume, la blondeur des blés, la complicité du bonheur ? C'est trop loin et trop proche. Un autre monde, un trésor de souvenirs que je ne veux pas frôler dans ma mémoire afin de ne pas m'effondrer. Il me faut cadenasser le passé si je veux survivre.

Silence entre nous, regards humides. Brefs adieux. Il m'embrasse en me serrant contre lui.

— Tu reviendras me voir, Papa Gaby ?

— Je reviendrai, mon Pio, je reviendrai.

Il s'en va, et je sais, au fond de moi, qu'il ne reviendra pas. Je ne lui en veux pas. Il est plus bouleversé que moi. Ce qu'il vient d'entrevoir de mon univers doit être une intolérable torture pour cet homme qui fut l'artisan de mon bonheur champêtre. Je me sens de nouveau abandonné. En voyant sa silhouette légèrement voûtée décroître dans l'allée, je le remercie à voix basse de ces quelques mois d'amour qu'il m'a offerts.

Merci pour ta visite et pour ton cœur, Papa Gaby. Tu n'y peux rien, tu es passé trop vite dans ma vie. Tu as traversé mon enfance comme le fleuve d'une saison, fertilisant les semences cachées sous la croûte de l'abandon. Bohémien de la vie, j'enfouis ce trésor unique dans mon bagage d'enfant perdu. Tu m'as permis de goûter au bonheur d'être aimé. Ce bonheur, on me l'a arraché injustement. De ta visite, si brève soit-elle, remontent en moi ces souvenirs heureux auxquels je n'ai pas droit. Je me suis bâti une cuirasse, et elle tombe en pièces. Mon cœur est labouré si profondément que je veux devenir insensible à l'amour. Il fait trop souffrir. La meilleure façon de ne pas avoir mal, c'est de ne pas aimer. Est-ce possible, Papa Gaby ?

Les jours qui suivent cette visite sont un supplice. Derrière ma façade de dur, mon être intérieur s'est effondré. Un soir, je veux arrêter cette torture, cette souffrance insupportable. Je vole des cachets à l'infirmerie et je les avale, pour cesser de vivre. Je me trouve mal, je commence à vomir. C'est ce qui me sauve sans que je le veuille. Le médecin de l'établissement m'examine et conclut :

— Tire la langue... Oh, la belle angine !

Une angine, en plus ? Mince. Pas de chance.

Dégoût de vivre sur une terre de rancune. Brèche ouverte. Impuissance à endiguer les vagues du ressentiment qui m'assaillent. J'en veux à ma mère qui ne vient pas me chercher, à ce père déchu qui m'a laissé tant de cicatrices, de mauvais rêves, de peurs qui m'empêchent de dormir, de réflexes de terreur – il suffit qu'un adulte sorte un mouchoir de sa poche, ou esquisse un geste imprévu, pour que je me protège le visage de mes mains.

Un après-midi, trois faux frères font du grabuge dans les installations sanitaires. Je suis immédiatement convoqué chez le dirlo. Il est assis derrière son grand bureau ; moi, debout, immobile, au garde-à-vous.

— Que vais-je faire de toi ? On m'a dit que tu as saccagé des toilettes et des douches.

C'est faux, archi-faux. Ces salauds m'ont fait porter le chapeau. Je ne suis pas un mouchard. Je le laisse m'accuser sans répondre.

— Guénard, les fruits pourris, quand on ne peut pas les jeter, on les écarte, on les isole, on les met à part pour qu'ils ne pourrissent pas les autres fruits. Si tu ne te tiens pas à carreau, au prochain faux pas, à la prochaine bagarre, on t'enfermera avec les chiens !

Je sors du bureau en songeant que j'aimerais décorer le type qui butera un jour ce dirlo. Cet homme ne m'a jamais parlé comme à un être humain. Il ne m'a jamais posé de questions avec son cœur, rien que des menaces, des avertissements, des sanctions. Lui et son équipe aiment faire peur. Ils savourent la crainte qu'ils inspirent.

Mais la peur développe soit l'envie de se venger, soit une paralysie d'hypocrite et de mouchard. Moi, je ne rêve que de vengeance. Dans le couloir, les trois mouchards discutent avec l'éducateur qui se prend pour Charles Bronson. Ce fumier est complice. Ils se foutent de ma poire quand je les croise.

Le soir, après le repas, ils me cherchent des crosses. Je laisse pisser, je joue au lâche, car je n'ai aucune envie de me retrouver en cage avec les deux bergers allemands. Je vais m'enfermer dans une douche, tout habillé. Ils m'asticotent une partie de la nuit. Injures, humiliations. J'ai envie de sortir, de les bastonner, mais j'entends résonner dans ma tête les menaces du dirlo. Assis comme un mendiant sur la margelle de la douche, je supplie des forces invisibles, des puissances supérieures, de venir m'aider et de réparer l'injustice. Le silence vient, il envahit la nuit. Personne ne vient me défendre. Ma tête et mon corps ne supportent pas cette chape étouffante. La haine gonfle en moi, elle éclate, elle explose.

Je sors de la douche, je me précipite aux toilettes et j'arrache les battoirs en bois où nous pendons les serviettes. J'entre comme une furie dans le dortoir, rugissant. Ils dorment comme des loirs, ces fumiers. Je commence à les frapper à coups de battoir, comme on battait le blé chez Papa Gaby. Ils se sont foutus de ma gueule, ils ont ri de mon « nez aplati », de mes « oreilles de rat », c'est comme ça qu'ils me surnomment ? Je vais leur arranger la façade. Ils gueulent, le sang pisse, les draps sont noirs. Les autres hurlent de peur dans l'obscurité, et je tape, je tape comme un forcené. Je jouis de la violence, je jouis de la vengeance. Quelle ivresse !

Au milieu de mes moulinets, j'entends les éducateurs cavaler dans le couloir. Ils seront là dans une seconde. Je sais que je suis allé trop loin. Trop tard pour reculer. Il me faut fuir, à moins de vouloir vivre dans un camp de concentration, gardé par des chiens-loups. Ces images défilent en moi en accéléré. Je balance mes battes improvisées, je patine sur le sol poisseux de sang et descends l'escalier quatre à quatre. Je traverse la cour comme un dératé. Devant moi, le grand mur d'enceinte. Quatre mètres de haut, couronné par des barbelés. Pas le choix. À l'assaut.

Je prends de l'élan, une course folle, et cette nuit-là, pour la première fois, j'escalade le grand mur. La trouille des chiens m'a allumé le turbo. Je réussis à saisir le barbelé de clôture, au sommet du mur, et je me hisse. Les griffes d'acier me déchirent la main gauche. Je me glisse entre le mur et le barbelé qui m'accroche une jambe. Il arrache la peau. Je passe en force. Je ne peux plus faire demi-tour.

De l'autre côté du mur, un pylône électrique bien placé, repéré depuis des mois, me sert d'échelle. Me voilà à terre, du bon côté de la liberté. Je saigne mais ne souffre pas. Rien que la brûlure de la peur qui me tord le ventre. Et la rage, et la joie d'être passé du bon côté. Mon cœur cogne comme une cloche folle.

Je cavale jusqu'à l'épuisement pour m'éloigner au maximum de la maison de correction. Il doit être quatre heures du matin et l'alarme a été donnée aussitôt.

Je marche, sans plan, sans but, dans une campagne plate. Et je sors de la nuit. Le jour se lève, insensiblement, une aube sale et grise. Je ne suis pas beau à voir. La peau de ma main tire, couverte de sang séché, la jambe me brûle, ensanglantée. Je boitille. Pas d'eau pour me laver. Je pisse sur ma main pour désinfecter. Ça picote. Puis je la roule dans la poussière, comme font les sangliers blessés.

La Rochelle s'éveille. J'assiste, spectateur émerveillé, au lever de la princesse. Les gens ont des cheveux de toutes les longueurs, des habits de toutes les couleurs. Ils ont l'air d'aller où bon leur semble, sans contrainte, et même dans des directions différentes les uns des autres. Un bien-être exquis m'envahit. Comme il faut que je partage cette plénitude ravie, je parle à quelqu'un dans mon cœur, comme un poète. Je chante la liberté, je rends grâce pour cette plénitude et pour ce monde nouveau dont les portes s'ouvrent devant moi comme celles, monumentales, de la citadelle.

Ce premier jour de fugue, ce 9 août, couché dans l'herbe, je passe une partie de la nuit à contempler le ciel le plus constellé de l'année. Les étoiles filantes sont les plus belles bougies d'anniversaire qu'on puisse rêver. J'enchaîne les vœux en rêvant.

Ce soir de la Saint-Amour, j'ai douze ans, et la vie, plutôt marâtre, m'offre en cadeau la liberté.

Douze ans.
Fugue et dégoût.

Un frère de galère m'a dit, un soir, alors que nous rêvions de fugues, d'aventures et d'échappées belles dans notre dortoir de la maison de correction, que Paris est immense et que l'on peut s'y cacher.
Je n'ai pas oublié.
Je prends la route. Je marche vers la capitale, depuis la Charente-Maritime. Je progresse surtout la nuit, pour ne pas me faire repérer par la police, en longeant les lignes de chemin de fer. Je me suis dit : « Les flics ne doivent pas arrêter les trains. Suis donc les rails. » Chaque fois qu'un vrombissement enfle au loin, je me jette dans le fossé. Mon cœur danse le charleston. Je laisse passer le convoi hurlant en reprenant mon souffle.
Je me nourris de fruits, de baies, de champignons, en ignorant d'ailleurs qu'il y en a de mortels, de graines de sureau et, par erreur, d'une sorte de piment sauvage... Je retrouve peu à peu, sans m'en douter, les gestes séculaires de la survie transmis par mon sang, que la vie citadine et moderne n'a pas complètement étouffés. Privé de carte et

d'indications topographiques, je me dirige à l'instinct. Trouver de l'eau est mon seul souci. Sucer les racines et les herbes ne suffit pas à étancher ma soif. Je souffre de déshydratation, mais je ne peux pas me permettre de frapper à une porte et de quémander un verre. Je fais plus vieux que mes douze ans, pourtant je n'ai pas encore de poil au menton. Ma demande pourrait paraître étrange à un adulte avisé.

À Tours, je n'en peux plus, je meurs de soif. Je suis prêt à boire la Loire. Contre le mur du zoo, je trouve un robinet. Je lape, comme une bête. Qui boit de la merde récolte la colique ! Pendant plusieurs heures, je me tords de douleur. Je survis quand même à l'eau du zoo... Et j'adopte l'auto-stop pour accélérer ma remontée vers la Grande Cachette.

J'arrive aux portes de la ville immense après deux semaines de fugue. Je reconnais Paris, comme tous les touristes, à la tour Eiffel qui émerge, noble et hautaine, de l'agglomération géante. J'en tombe aussitôt amoureux. Dame Girafe m'attire irrésistiblement. Je marche vers elle au hasard des rues.

Parvenu à ses pieds, je la toise, de bas en haut, de haut en bas, incrédule, à en avoir le tournis. Ahuri, j'en effectue le tour plusieurs fois. Je me surprends à lui parler, à lui murmurer des mots doux. Je marche à reculons, la tête en arrière, les yeux rivés vers cette masse altière et son entrelacs d'armatures qui forment un surprenant kaléidoscope, quand je me cogne à un couple d'Allemands, lui aussi égaré dans sa dérive rêveuse, sous cette rosace de poutrelles et de ciel. Je ne sais pas pourquoi, je n'ai rien demandé, le monsieur m'offre de l'argent. L'aubaine ! J'ai depuis longtemps grillé les cinquante francs donnés par un homme sur l'île d'Oléron par où je me suis offert un détour touristique, « en souvenir de mon fils, m'a-t-il dit avec une certaine mélancolie, parce que lui aussi faisait la route ».

Dans l'un des pieds de la tour, une dame vend des billets pour grimper au cou de Dame Girafe. J'achète un ticket et j'entame l'ascension avec la jubilation d'un soupirant qui rejoint sa belle. Chaque palier m'offre un nouvel émerveillement. Je découvre le monde et me laisse griser par cette liberté toute neuve, loin, très loin des miasmes de l'enfance salie. Je prends de la hauteur sur ma vie. J'exulte en découvrant le Champ-de-Mars, l'École militaire et, de l'autre côté de la Seine, le palais de Chaillot et ses jets d'eau.

Au deuxième étage, je m'envole, comme une mouette, et survole le fleuve, de plomb fondu, ses ponts, les rues minuscules, les mille maisons du beau Paris. Au sommet, la découverte fascinante d'un monde de fourmis et l'impression grisante de dominer, de régner, de planer, d'échapper à ma galère.

Je ne veux pas quitter ma Dame. Lorsqu'il me faut descendre, à l'heure de fermeture, je décide de veiller près d'elle. La nuit envahit les jardins. Je me couche derrière un buisson, contre le deuxième pilier droit, face au Trocadéro. L'air est doux. Je dors comme un bienheureux sous les fenêtres des immeubles les plus chers de Paris.

Réveillé tôt, je marche, sans but, vers l'École militaire, Latour Maubourg, les Invalides, explorant chaque rue, chaque ruelle, chaque passage pour graver dans ma mémoire ce qui va devenir les méandres de mon territoire.

Pendant plusieurs jours, je traîne mes galoches

dans le quartier. Les nuits deviennent plus fraîches, plus humides. Je ne porte qu'une chemisette de Nylon rouge et je frissonne. Il me faut cinq jours pour retrouver ce geste qu'un animal sait d'instinct et que j'ai appris de Simla quand je m'endormais contre elle dans sa niche : placer sa tête le plus près possible des roustoutouilles, et se souffler dessus, comme un récupérateur de chaleur.

Après quelques nuits, je fais des infidélités à Dame Girafe. J'ai trop froid. Où trouver un toit ? Je m'introduis, la nuit tombée, dans un garage à vélos avenue Rapp. Je dors quelques heures en accordéon entre les roues de bicyclette. Je ne tiens plus debout. Dans la rue, on n'a pas le droit de dormir quand on a sommeil, surtout lorsqu'on est un zonard de douze piges.

Je suis chassé à plusieurs reprises par des propriétaires qui viennent chercher leur biclou. « Mais que faites-vous là, mon garçon ? » disent les plus aimables. « Qu'est-ce que tu fous ici, petit voyou ? » râlent les mal embouchés. Je ne vais pas épiloguer ni leur mettre un coup de boule... Je me casse, les yeux en veilleuse, et je pars en quête d'une nouvelle chambre. Je déniche finalement un autre garage à vélos, rue du Général Camou. Il n'existe pas de guide du Routard pour vivre gratis dans la rue.

Avec l'expérience, au bout de plusieurs semaines, je réalise que les gens finissent de ranger leur Solex ou leur vélo vers minuit, et que le mouvement recommence à cinq heures du matin. Ce qui me laisse cinq heures tranquilles pour roupiller.

Chaque soir, en m'endormant, je me fais la promesse solennelle que, si un jour j'ai une maison, il y aura des chambres pour ceux qui n'en ont pas.

Je crève de faim. Je ne peux pas faire la manche à

mon âge. J'apprends à voler, par nécessité. La première fois, je vise une bouteille de lait, avenue de Grenelle, devant la porte d'une épicerie qui vient d'être livrée. Il est six heures du matin. Je n'arrive pas à me décider. Comme un jeune chat, je tourne autour de ma proie sans oser poser la patte. J'ai trop faim. D'un coup, je me décide, je fonce. Je chaparde. Une fois la bouteille de lait à la main, j'ai l'impression que tous les projecteurs de Paris sont fixés sur moi. Je prends mes jambes à mon cou, mes tripes jouent des castagnettes. Quelques minutes plus tard, dans le Village Suisse – son labyrinthe de rues piétonnes est idéal pour échapper aux poursuites –, je décapsule le fruit de mon larcin et je le bois, sueur au front, en goûtant une joie méconnue, celle de la peur dépassée. Je marche sur un nuage.

À partir de ce jour, je deviens un chapardeur. Je vole à heures fixes pour éprouver avec régularité cette curieuse sensation de la trouille au ventre qui donne du piquant à ma vie. Je deviens un accro de l'adrénaline. La peur est une sœur ennemie. Je vais au-devant d'elle à huit heures et demie du matin, puis à deux heures de l'après-midi, comme d'autres enfants vont à l'école. J'organise mon emploi du temps de gavroche.

Ceux qui ont la chance d'avoir des parents peuvent leur dire bonjour, le matin ; ils sont accueillis le soir en rentrant de l'école, même si c'est par une nourrice. Il y en a même, paraît-il, que leurs parents vont embrasser dans leur lit avant qu'ils s'endorment. Durant ma drôle d'enfance, la trouille va remplacer ma mère. Elle m'est fidèle, disponible à la demande, comme une maman à la maison. La peur m'attend, je la retrouve quand je le décide. Elle m'apprend l'observation et exerce ma mémoire. Sans cette drogue, ma vie serait morne, fade, répétitive. À défaut de sens, il lui faut du sel.

La liberté se paie cher.
Au début, tu t'offres un cinoche dans ta tête, tu découvres un monde inconnu, tu joues avec l'interdit et avec la peur, tu t'excites de ne pas vivre comme les autres. Puis les jours passent. Le rêve devient réalité. Celle-ci n'est pas rose tous les jours. Tu as faim, tu as soif, tu as sommeil. Tu marches pendant des heures, épuisé, gavé par les promesses inaccessibles, les tentations des vitrines alléchantes. L'amertume perce, insensiblement, devant tout ce qu'il t'est impossible de vivre et interdit de posséder. Tu es sans cesse sur le qui-vive pour échapper aux rondes de police. Tu te méfies de tous. Tu fais gaffe à tout. Tu t'habitues au vol et même les larcins deviennent sans saveur. Ton amie la trouille ne te fait plus bander comme avant.

Le conte de fées tourne alors au cauchemar, il est trop tard : tu ne veux pas te l'avouer, car il faudrait du courage. Surtout, tu ne peux plus arrêter ce défilé des jours, cette suite d'heures sans but, cette errance qui t'éloigne de plus en plus du monde réel et que tu ne poursuis plus que pour une raison ultime : plutôt l'enfer de cette jungle que revenir en maison de correction.

Je marche énormément. Mes jambes tiennent le coup. L'un de mes circuits préférés est le « Latour Maubourg-République, aller et retour ». À la nuit tombante, je rentre dans mes beaux quartiers de jeune vagabond, imaginant devant les hôtels luxueux qu'un riche va descendre le perron, croiser mon regard, se prendre d'amitié pour moi et m'offrir les délices de sa suite. Les jours passent. Les nuits aussi. Les riches restent à festoyer dans leurs palaces illuminés, tandis que je regagne mon garage à vélos, épuisé, à bout de forces. Au bout du rouleau...

Mon rêve se réaliserait-il ? Sur un banc du Champ-de-Mars, un homme élégant m'accoste, s'assied à côté de moi. Il est habillé avec goût, d'allure chic, la soixantaine bien conservée. Il inspire confiance. Je lui parle avec mon cœur, ne lui cache pas que je suis en fugue, sans argent, que je cherche des petits boulots. Il me dit :

— Jeune homme, j'ai ce qu'il vous faut. Voulez-vous gagner cinquante francs ?

Je réponds oui avec emballement.

— Suivez-moi.

Nous arrivons rue du Commerce et pénétrons dans un vieil immeuble. Son aspect vétuste me laisse penser que mon protecteur va me proposer des travaux de peinture. Nous entrons dans un appartement sombre. Là, le monsieur très chic me demande de me déshabiller. Je refuse. Il pointe une arme sur ma tête.

Paralysé, je subis sa violence ignoble, incompréhensible.

Me voilà dans la rue avec cinquante francs dans la main et un immense dégoût. Glacé dans tout mon être. J'ai mal partout. Je voudrais me laver, me purifier de cette ignominie. Où me réfugier ? Mon cœur vomit des larmes. La désespérance entre dans mon être comme une brume glaciale. Je ne vois plus clair. Je grelotte de malheur.

Je marche vers Passy. Dans le square, un spectacle de Guignol rassemble son public. Je m'assieds, étranger, absent, devant la cabane verte, au milieu des autres enfants et de leur maman. Guignol me lance :

— Toi, tu es triste comme moi !

Je m'enfuis en courant.

J'ai douze ans et quelques mois. Je viens de découvrir la perversité de l'homme, ce qu'il peut imaginer pour se salir lui-même et dégrader ses semblables. J'ai senti la griffe du mal me pénétrer, me fouiller. Elle est allée plus loin que mon corps, elle a blessé l'âme, un jardin secret en moi, pur encore. Saisi, tétanisé, je n'ai pu appeler au secours. Pourtant, à l'intérieur de moi, au plus profond, là où il n'y a plus de mots, j'ai appelé à l'aide. J'ai crié vers un être tout-puissant pour qu'il vienne me délivrer de l'horreur.

Il n'est pas venu.

Personne n'est venu.

Treize ans.
Braqueur de prostituées.

Le viol m'a meurtri en profondeur. Il bouleverse aussi mes idées sur le monde et introduit de la méfiance là où il pouvait rester de la naïveté. Ma confiance est fragilisée, ébranlée. Je ne suis qu'un rosier sauvage, pas taillé, couvert de piquants. J'aimerais trouver un adulte, un tuteur contre lequel pousser. J'ai peur désormais que les hommes soient tous comme mon père, comme les éducateurs sadiques ou les violeurs élégants des quartiers chic. Le monde des adultes m'apparaît comme un plancher sur lequel on croit pouvoir marcher, qui se révèle pourri, rongé par les termites du mensonge et du vice.

Je poursuis mon errance. Pas le choix.

Quelques semaines après l'accident, deux hommes jeunes, bien sapés, m'abordent avenue Rapp. Ils m'invitent à dîner dans un restaurant rue Saint-Dominique. Chat échaudé craint l'eau froide. J'accepte pourtant leur proposition. On ne viole pas un enfant sur la table d'un restaurant. On ne refuse pas non plus un repas quand la faim vous tord le ventre.

Sûr, ces gars-là ne sortent pas de la Légion d'honneur. Je leur raconte un peu ma galère. Ils me disent :

— Petit frère, tu n'es plus seul, viens avec nous, on va s'occuper de toi.

Je me méfie, j'hésite, je les sonde. L'un d'eux ne ment pas, je le flaire droit et honnête. L'autre... Je pars avec eux.

Ils louent un appartement boulevard de Latour Maubourg. Me montrent ma chambre et me souhaitent bonne nuit. Ils couchent dans la même pièce, cela me rassure. Je me barricade quand même, mais ce n'est pas mon corps qui semble les intéresser. Ouf ! Dormir dans un vrai lit, dont les draps sentent bon... Quel plaisir de pouvoir étendre mes jambes alors que depuis près de un an je dors recroquevillé dans mon garage à vélos !

Le lendemain matin, mes deux anges gardiens frappent à la porte et me réveillent avec gentillesse :

— Debout, petit frère !

J'abandonne à regret ce nid douillet pour une longue douche brûlante. Le petit déjeuner est copieux. C'est Byzance à Latour Maubourg ! Que me réserve ce jour et mes deux mentors qui n'ont pas des physiques d'enfants de Marie ?

— Viens, petit frère, on va t'habiller correctement !

Ils m'emmènent chez un tailleur très chic du quartier. Le type, ultra-sélect, prend mes mesures avec un mètre qui jaillit de sa main comme par magie, puis apporte un costume trois-pièces gris à fines rayures blanches, flambant neuf, une chemise immaculée, des boutons de manchette, une cravate, un manteau de cachemire au toucher soyeux. J'abandonne mon polo qui pue la sueur, mon pantalon crade, et je me transforme en petit lord. Ils achèvent leur tour de passe-passe en m'offrant de belles chaussures cirées et une coupe très classe chez un grand coiffeur. On ne m'a jamais caressé la tête aussi délicatement.

Mes nouveaux frangins, Jacquot et Pierrot, paient tout en liquide, ça ne m'étonne plus. Cette journée magique passe aussi vite qu'un coup de baguette. Je suis méconnaissable ! Je me mire dans les vitrines et n'en crois pas mes yeux. Je ressemble à un Anglais. Je marche en zigzag afin d'éviter les flaques. Surtout, ne pas salir mes chaussures de milord !

« Allez, petit frère, un peu de tourisme, maintenant ! » Un taxi nous emmène jusqu'à la place Blanche. Vont-ils me payer une soirée aux Folies-Bergère ? Le Moulin-Rouge bat des ailes dans la nuit, et le quartier chaud, illuminé, grouille de monde. Nous marchons jusqu'à un grand café, avenue Jules Joffrin. La pénombre de la salle enfumée est trouée par les épées de lumière des spots. Mes deux grands frères m'offrent une limonade au bar.

— Tu nous attends là, on a un rencard.

Ils vont discuter avec plusieurs types. Je distingue des gueules pas très engageantes.

Une heure plus tard, les conciliabules terminés, on rentre à la « maison ». Je n'arrive pas à deviner quelle peut être leur activité professionnelle ni, surtout, à quelle sauce je vais être mangé. Une chose me rassure : ce ne sont pas des violeurs d'enfant. Je dors sur mes deux oreilles.

Le lendemain après-midi, lorsque Jacquot me tend ma première arme, un revolver 7,65, et m'explique patiemment le montage, le démontage et le maniement, j'ai la confirmation qu'ils ne sont pas représentants de commerce. C'est seulement le soir que je pige le mode d'emploi de ma nouvelle vie.

Vers 22 heures, nous retournons place Blanche. Sur le trottoir, ils me donnent les instructions :

— Petit frère, tu nous attends là. Nous, on grimpe à l'étage faire notre business. On devrait en avoir pour cinq, dix minutes maximum. Si tu vois quelqu'un sortir en cavalant, tu l'allumes !

Je réponds « oui » machinalement, en serrant le pétard dans la poche de mon manteau de cachemire.

Jacquot et Pierrot, surnommé le Belge, pénètrent dans un vieil immeuble. J'attends devant un cinéma voisin en surveillant l'entrée. Un type, pas net, m'aborde :

— Viens avec moi, je te paie la place.

— Non, je peux pas, j'attends quelqu'un.

Il me relance, le vicelard. Je répète « non » tout en regardant ailleurs. La vieille pédale se met alors à disjoncter :

— Casse-toi, petit con ! gueule-t-il. T'as rien à foutre ici, ou alors tu viens avec moi au cinoche !

Il me prend le bras, veut me tirer vers le porche illuminé. Je glisse ma main dans la poche et je vais lui fourrer mon jouet sous le nez quand Jacquot et Pierrot déboulent.

— Cours, petit frère, suis-nous, magne-toi ! me lancent-ils.

Je détale sans comprendre, laissant le pédé médusé.

Nous cavalons jusqu'à la station de métro. On chope une rame au passage et nous voilà à reprendre notre souffle dans le wagon bringuebalant. Debout dans un coin, Pierrot me sourit et, de l'index, m'indique de le rejoindre. Il ouvre son manteau avec un ricanement et me montre la crosse de son flingue. Elle est sanguinolente.

— Regarde ici, petit frère, murmure-t-il en tapotant sa jambe.

J'entrouvre la large poche et j'aperçois des liasses de billets, beaucoup d'argent.

— Tu vois, ça va vite, me dit-il avec un clin d'œil.

Je m'accroche à la barre du wagon pour ne pas tomber. Je suis en coton, ça tourne en moi comme un manège, mes jambes se dérobent.

Je devine d'où vient ce fric et quel est le business de mes frangins. Ils braquent les prostituées. Les billets du Belge, c'est la recette d'une femme de Pigalle et le jus noir sur la crosse, son sang. J'imagine l'état de son crâne et je plains la fille qu'ils ont tabassée.

Je me dis parfois, au fil de mes errances, lorsque je croise ces sœurs de la nuit, que j'épouserai plus tard une femme vierge, ou bien une prostituée. Je n'aime pas ce qui est au milieu. J'accoste souvent ces femmes qui vendent leurs charmes. Nous avons en commun d'arpenter le trottoir. On papote sur le macadam, et je sens leur cœur maternel se réveiller devant ma galère. Ces filles de la rue sont douces et compréhensives avec moi. Certaines me proposent de l'argent, et même un hébergement. Je me suis pris d'amour pour ces oiseaux de nuit, prisonniers de filets noirs, dont beaucoup ont des cœurs de princesse.

La plupart sont des filles de la campagne, montées à la capitale en rêvant du prince charmant. Ces crédules sont vite descendues aux Enfers, sous la coupe d'un esclavagiste sans scrupule. Certaines ont un ou deux enfants, restés au pays, confiés aux grands-parents. Elles ne leur rendent visite qu'une fois par mois. Ces petits sont les otages de leurs maquereaux.

— Si tu ne reviens pas, je flinguerai ton gosse, dit le salaud. Ou alors je lui révélerai, ainsi qu'à toute ta famille, tes jolies activités parisiennes !

Prisonnière de sa réputation, la pauvre fille vient embrasser son enfant à la va-vite, invente une histoire pour expliquer ses absences, ou se mure dans le silence, puis retourne sur le trottoir, le cœur en miettes. Les rebelles et les fugueuses sont envoyées au nord de Barbès, dans des enfiloirs pour travailleurs immigrés où l'on casse les prix. Une centaine de passes quotidiennes leur défoncent le corps et l'âme.

Et voilà, je me retrouve complice de braqueurs de prostituées !

Je réalise aussi que j'ai failli buter la pédale. Jacquot et le Belge seraient sortis un peu plus tard, aurais-je tiré ? Peut-être... À quelques secondes près, ma vie basculait.

Jacquot, lui, se tait. Assis sur son strapontin, imagine-t-il mes états d'âme ? Il me regarde, calme et pensif, et me prend par l'épaule :

— Dis, petit frère, on va aller se reconditionner chez Mario après toutes ces émotions, on l'a bien mérité.

Chez Mario, un restaurant italien du 18e arrondissement. Attablés, beaucoup d'hommes, de type latin, bien sapés, les cheveux gominés, des chaînes en or au cou. Des types dont on n'a pas envie de chatouiller le menton. Ils parlent « affaires ». On me dirait que c'est la cantine de la Mafia que je ne parierais pas pour le contraire. Mario, le patron, un costaud bien enrobé et jovial, me serre la main et me dit :

— Installe-toi là, petit.

Très paternel, Mario. Nous sommes dans une arrière-salle enfumée, sombre. Une lumière basse éclaire un billard autour duquel cinq tables de bistrot sont réparties. Au fond, un mur sans fenêtre où pend une immense glace, une banquette de cuir havane, une grande table et quelques chaises de bois marron.

Mario se penche vers Jacquot en me désignant :

— C'est ton frangin ?

Jacquot me tire la cravate et répond oui avec une œillade.

— Tu le mets tôt à la monnaie, tu trouves pas ? demande le patron.

Silence. Pierrot joue avec son couteau, un large cran d'arrêt. Il bouge sans cesse, nerveux à l'extrême. Ses réactions sont imprévisibles. Mario s'adresse toujours à Jacquot, pas à Pierrot.

Le patron rompt le silence et reprend la parole comme si de rien n'était :

— J'ai une affaire dans la Sarthe, un bon coup, facile, du juteux garanti. Ça devrait rapporter gros.

Il frotte ses doigts, se lève en invitant Jacquot à le suivre. Pierrot s'apprête à les accompagner, Mario lui fait signe de se rasseoir.

— Eh, le Belge, tu restes assis, ne laisse pas refroidir mes spaghettis !

Pierrot serre les dents, visiblement furieux. La pression monte. Un serveur à la mine patibulaire remplit son assiette en ne le lâchant pas des yeux. Pierrot le fixe à son tour. En un instant il devient méconnaissable, se métamorphose en fauve, se jette sur le serveur.

Installés à une table voisine, Jacquot et Mario

arrivent en courant et séparent les deux hommes à terre. Pierrot vomit des injures. Jacquot lève la voix :

— Ça suffit, assieds-toi, mange et écrase !

Pierrot obéit. Il se mure dans un silence de colère.

Mario dîne avec nous, plein de prévenance pour Jacquot et moi. Son regard change immédiatement lorsqu'il croise celui de Pierrot. Je sens de la méfiance et une animosité secrète à son égard.

Les pâtes sont succulentes, et Mario m'offre un second dessert. Au moment de partir, il me tapote affectueusement la tête et me murmure à l'oreille :

— Surtout, petit, tu n'écoutes que Jacquot, tu ne dois avoir confiance qu'en Jacquot !

Nous traversons la salle principale. Le serveur, derrière le comptoir du bar, suit notre sortie d'un regard noir, le visage fermé. Jacquot retient Pierrot par le bras. Il y a dans l'air une atmosphère d'orage. Dans la rue, Pierrot éclate. Il me gifle violemment en demandant :

— Morveux, qu'est-ce qu'il t'a dit le rital avant d'partir ? Hein, qu'est-ce qu'il t'a dit ?

Jacquot l'attrape par le costume et lui crache, à deux doigts du visage :

— Touche pas à ce môme, sinon je te tue ! Recommence jamais ça !

Trajet de retour dans un silence qui pèse trois tonnes. J'ai la trouille de Pierrot. Il respire la violence et la méchanceté. Jacquot, lui, est gentil avec moi, presque fraternel. Cet homme a du cœur.

Pendant que Jacquot prend sa douche, Pierrot me demande de venir près de lui. Il sort son flingue, met le canon contre ma tête.

— Petite merde, ça va être de la bouillie dans ton crâne !

Je ferme les yeux, il va tirer, la balle va me perforer

la cervelle et m'expédier dans la nuit. Ce type est un fou, capable de tout. Il appuie sur la détente. C'est la fin. Clic. Il éclate de rire :

— Ha, ha, je t'ai bien eu, p'tit con ! T'as eu les foies, hein ?

Il redevient sérieux, me fixe :

— Tu vois, si tu déconnes, j'te crève. Y'aura une balle cette fois-là !

Il se tire.

Il y a des nuages dans l'air, la tension s'accumule. Jacquot revient et me demande :

— La soirée t'a plu, petit frère ?

Je réponds un oui discret.

— Mario a un faible pour toi, tu sais. Il dit que tu as un regard et une carrure de chef. Il faut que tu apprennes encore beaucoup de choses : obéir sans poser de questions et te fier à un seul homme. Qu'est-ce qu'il t'a dit Mario, au fait ?

— De ne suivre et de n'écouter que toi.

— Fais pas attention à Pierrot. Il est sur le qui-vive, il est en cavale de la Légion étrangère. C'est un bon soldat, un peu fêlé.

Je me couche, pas trop rassuré. Jacquot m'a apaisé, pourtant mon sommeil est aussi calme qu'un lac un soir de tempête. Des images de sang, de billets, de bagarres, de fuite, de course effrénée, de crâne brisé se mêlent dans mes rêves avec le regard affectueux de Mario, les pâtes au basilic et le dessert à la chantilly.

Le lendemain, je me promène dans le quartier quand on me touche l'épaule. C'est Pierrot. Il me toise avec une moue pleine de mépris et de colère. Il regarde autour de lui, ouvre sa veste, sort son revolver muni d'un silencieux et vise un lampadaire

situé à une trentaine de mètres. Pfff ! L'ampoule explose. Le Belge rengaine son matériel et me lâche :
— Je te crèverai, p'tit con !
Il me tourne le dos et part en crachant. Ça monte d'un cran.

Quatorze ans.
Gigolo à Montparnasse.

Un début d'après-midi, Jacquot m'emmène à La Coupole, le célèbre café du quartier Montparnasse. Je suis seul avec lui, je ne sais pas où est passé le Belge, et ça me rassure. Le matin, Jacquot m'a offert de nouveaux habits, très chic, et des chaussures vernies. Nous nous asseyons sur une des banquettes de l'immense salle, on commande une orangeade. Jacquot me dit :

— Écoute bien la manœuvre. Tu viendras ici, tu prendras le thé et tu liras le journal. Tu feras exactement comme je te dis. Tu demanderas un deuxième thé, puis l'addition. Si le serveur te répond que la note est déjà payée, tu le questionneras discrètement pour savoir qui a réglé. Tu plieras ton journal et tu iras vers la dame qu'il t'a montrée en la remerciant d'un hochement de tête. Tu marcheras lentement vers la sortie, tu garderas la porte ouverte pour la dame, tu t'effaceras devant elle, avec un sourire, pour la laisser passer. Tu l'accompagneras jusqu'à sa voiture et tu monteras avec elle. Tu piges ?

Je réponds oui, je répète les différentes étapes de

l'opération. En vrai, je comprends rien. Quel est le but de la manœuvre ? J'ai l'impression de jouer le rôle d'un agent secret qui n'a pas pigé sa mission.

Pourquoi Jacquot veut-il que je monte avec elle dans sa voiture ? Je ne saisis pas bien la suite de son feuilleton et n'ose pas lui poser de questions.

Le lendemain, un vendredi après-midi, je me rends à La Coupole, une boule dans le ventre. Là, en voyant le nombre de femmes attablées, je pige vite que je ne suis pas un agent secret. Jacquot est assis à une vingtaine de mètres. Il semble ne pas me connaître. Je commande un thé. J'ouvre mon journal. Les pages glissent, tombent, se chiffonnent. J'essaie de récupérer les feuilles immenses et de les remettre en ordre. L'exercice est délicat à pratiquer à la verticale. Ce Figaro-là se joue de moi. J'aurais dû m'entraîner dans ma chambre, à la maison. Je dois être ridicule et j'imagine que tout le monde me fixe en pouffant. Je suis rouge comme un ballon de Beaujolais. J'en oublie de regarder les dames. J'absorbe un thé, un deuxième thé, un troisième thé, un quatrième thé, et je n'ose toujours pas demander qui paie. J'ai une envie folle de pisser, je n'arrive pas à me lever. Je serre les jambes de plus en plus fort. Après le cinquième thé, menacé d'explosion, je file au bout du couloir, à gauche.

Jacquot vient me rejoindre aux toilettes. Il est furibard.

— Mais qu'est-ce que tu fous ?

— Ben, euh, tu vois bien, je fais pipi...

— Oui, je vois, mais à part ça ?

Il est en colère. Je n'ose pas lui dire que je suis intimidé.

— Euh, ben, c'est le journal... Je maîtrise pas vraiment ! J'aurais dû prendre un format plus petit.

— On s'en fout, du journal ! Bon, tu retournes t'asseoir et tu demandes l'addition. Ça suffit comme ça !

Penaud, je file à ma place. Le garçon m'apporte un sixième thé. Je n'ai rien demandé et je commence à ne plus supporter cette eau chaude fadasse, même si j'ai l'impression de ressembler à un Anglais dans mon costume neuf. Le serveur me glisse :

— C'est la dame, là-bas, qui vous l'offre.

Je souris au garçon, je souris à la dame. Heureuse surprise, c'est une belle femme d'une cinquantaine d'années environ, blonde et plutôt bien conservée. J'ai du pot. J'aurais pu tomber sur une vieille peau, moche de surcroît.

Je me lève dignement, m'approche d'elle, la salue. Elle me sourit. Je marche droit vers la porte que je lui tiens, puis je la suis jusqu'à sa voiture, une Cadillac. Je monte à son côté, commençant à trouver de l'attrait à ce cérémonial.

— À la maison, Roger ! lance-t-elle au chauffeur.

Nous roulons une vingtaine de minutes, en silence, jusqu'à une superbe maison située dans la banlieue ouest de Paris.

Là, je me laisse faire...

Le week-end me paraît bien agréable. Cette femme, en quête de douceur, m'initie à une tendresse inconnue, en me gâtant comme un fils, comme un amant.

Le lundi matin, son chauffeur me dépose à Paris, après m'avoir remis deux mille francs. Cette somme correspond à peu près à deux mois de salaire. Le SMIC d'alors est à huit cents francs.

À dire vrai, je ne trouve pas désagréable mes

premiers pas dans la prostitution. Je donne l'argent à Jacquot. Il m'abandonne deux cents francs avec un clin d'œil : « Tu vois, c'est fastoche ! » En effet, c'est facile, juteux, et je préfère de beaucoup donner de l'amour à des femmes esseulées que d'aller racketter mes amies prostituées.

Hélas, l'un n'empêche pas l'autre.

Je vais vivre un an sur ce rythme à trois temps : rançonnage les soirs de la semaine ; week-end glamour avec quatre clientes régulières ; et des journées terriblement vides. L'argent coule à flots, pourtant il ne donne pas le bonheur. Les jours me paraissent longs et j'envie les enfants qui vont à l'école alors que je m'entraîne à démonter et à remonter mon 7,65 les yeux fermés, et à dégainer le plus vite possible. Jacquot est plein d'attentions à mon égard. C'est un frère adoptif. Ce n'est pas un père.

Je dégaine, et parfois je vois la silhouette de mon père dans la mire. Je tire ou je tire pas ? Je crois que j'aimerais qu'il souffre un peu avant de tirer.

Mes récréations, je les passe dans la rue à épier les sorties d'école et tous les gestes d'affection prodigués par les parents à leurs petits : les mains qu'on saisit, les câlins sur la joue, les baisers dans le cou, les fronts et les nez qui se frottent... Ces signes de tendresse sont des échardes dans mon cœur. Je les imite, je les reproduis avec mes clientes, avec ces dames mûres que j'apprends à comprendre, à plaindre et à aimer. Elles sont seules, dramatiquement seules, dans leur palais doré, leur cage de luxe, entretenues par des maris à la braguette aussi mobile que le portefeuille. Ils les délaissent pour des jeunes poules qu'ils entretiennent dans des garçonnières et emmènent le week-end à Saint-Tropez ou à Megève.

Assoiffé de tendresse, j'aime en recevoir et je prends goût à en donner. Les fins de semaine représentent une sorte de bulle de douceur qui me permet d'oublier ma solitude et ce travail de rançonnage qui me pèse de plus en plus. Jacquot et Pierrot me donnent du galon, je m'en passerais bien. Je ne suis plus leur guetteur, je deviens un membre actif du gang. Je demande aux filles leur tarif sur le trottoir et négocie comme si j'étais un jeune plumé qui voulait s'offrir une poule. On monte, la fille ne se méfie pas. Jacquot me suit dans l'ombre. Il intervient avant le début de la passe, tandis que Pierrot guette à l'étage, ou vice versa.

Le jeu est dangereux. Les maquereaux ne sont jamais loin. Les réactions des filles sont imprévisibles. Certaines sont désespérées, elles se fichent de la menace d'un pétard et hurlent. D'autres, ivres, essaient de frapper. Il y a déjà eu de la casse, des coups de feu, du sang, et je trouve que mes deux frangins vont trop loin. On a beau changer de quartier, notre racket est maintenant connu. Les maquereaux, comme les filles, sont sur le qui-vive. On a interverti les rôles pour varier... Je sens que ça va mal tourner. Plusieurs fois, des balles nous sifflent aux oreilles. L'attrait du fric, l'engrenage du toujours plus et l'ivresse de l'adrénaline endorment le bon sens et la prudence.

Parfois, dans une fulgurance, l'envie de mourir me traverse. Un flash de désespoir. J'espère une balle perdue. Cette vie ne mène à rien. Voie sans issue. Je n'en peux plus de participer à la souffrance de ces filles. Je passerais bien les macs à la moulinette. Surtout, je ne supporte pas la violence gratuite de Pierrot. Il ne peut s'empêcher de frapper, même si la fille se soumet et file son fric sans broncher. Il en jouit, ce fumier, et j'aimerais lui faire payer son sadisme.

Nous rackettons de préférence les filles dont on a envoyé le maquereau à l'hôpital, instituant un circuit parallèle plus rentable pour la prostituée : moitié pour nous, moitié pour elle. Lorsque son mac revient, elle a mis de l'argent de côté.

Pressentiment, intuition ? Je sens que Jacquot en a marre lui aussi. Il ne supporte plus le Belge dont il se défie de plus en plus, et il éprouve de la pitié pour la plupart de nos victimes. Il a d'ailleurs avancé l'heure de nos visites – on commence vers vingt-deux heures – pour qu'elles aient le temps de se remplumer avant l'aube. Notre chiffre d'affaires baisse – les caisses ne sont guère remplies à cette heure –, et cela met Pierrot hors de lui.

Pour calmer ses fureurs, nous allons casser du pédé au Trocadéro ou aux Tuileries. Jacquot se montre nettement moins tendre qu'avec les filles. Notre technique est bien rodée : je monte dans la voiture, mimant le mec en chaleur. Une fois le pédé en confiance, j'attrape les clefs de contact. Jacquot et Pierrot lui tombent dessus par la fenêtre et lui font la charité à leur façon. Je mets beaucoup de cœur à les tabasser. Cela me venge, un peu, de ma souillure.

Cela soulage ma mémoire.

... Ce cirque-là, tous les jours, sauf le week-end où c'est moi, le prostitué, avec les femmes riches de La Coupole.

— Il est temps d'aller vaquer à tes occupations avec ces dames, dit Jacquot en rigolant le vendredi après-midi.

Moi qui ne connais de la femme que la blessure de l'abandon maternel et la dureté de certaines éducatrices, je découvre, à travers l'attention de ces dames, un peu de douceur et de délicatesse.

L'une d'elles me serre un jour dans ses bras, me caresse la joue et murmure une réplique célèbre : « T'as d'beaux yeux, tu sais ! » Elle le dit avec son cœur. C'est la première fois qu'une femme m'offre un si beau compliment.

J'ai quatorze ans. Ce n'est pas ma mère...

Quai de départ,
mon grand frère se barre.

Un lundi matin du mois de novembre, je rentre à Latour Maubourg après une fin de semaine en bonne et douce compagnie, mes deux mille cinq cents francs en poche. Je suis content de retrouver Jacquot.

Je sonne à l'appartement, personne n'ouvre. Je frappe, sans succès. Je tambourine à la porte, j'appelle. Pas de réponse. J'attends jusqu'à midi, assis dans l'escalier. Pas de Jacquot ni de Pierrot. Je vais chez Lucien, un restaurant qu'on fréquente le midi. Personne ne les a vus. Ça me paraît louche, je commence à paniquer.

L'après-midi, je file chez Mario. Absent. De plus en plus bizarre. Je marche de Jules Joffrin à Latour Maubourg, éprouvant soudain la chape de solitude de mes premières semaines parisiennes, l'inquiétude en plus. L'appartement est toujours vide. Je retourne chez Mario. Ouf, il est là. Il approche avec un sourire, soulagé.

— Ah, te voilà, petit ! Je suis content de te voir. On m'a dit que tu es passé dans l'après-midi. Viens, on va s'asseoir, il faut que nous causions tous les deux.

Nous nous installons dans la salle de billard, et il adresse un signe aux autres pour qu'ils nous laissent seuls.

— Tu veux boire quoi ? Un diabolo, une anisette ?

— Un diabolo, je veux bien, merci, monsieur.

Il me tapote gentiment la joue.

— Quand vas-tu enfin te décider à m'appeler Mario ?

Pendant que je vide mon verre, il me dit :

— Tu cherches ton frangin Jacquot et l'autre foutraque, n'est-ce pas ? Ils ont foiré dans leur casse... Tout ça à cause du Belge. J'avais dit à ton frère de ne pas s'associer avec un déserteur. Un mauvais soldat reste mauvais... Il ne m'a pas écouté.

Mario se tait, le front plissé, soucieux. Je n'ose pas lui demander des nouvelles de Jacquot, pourtant la question me brûle les lèvres. Est-il encore en vie ? A-t-il été arrêté ?

Comme s'il devinait mes interrogations muettes, Mario poursuit :

— Ne t'inquiète pas, ton frangin est sain et sauf. Il arrive. Il est vivant. Il va devoir se mettre au vert un certain temps pour qu'on l'oublie. Quant à toi, petit, tu as toute la vie pour réussir dans les affaires, profite de cet accident pour changer de voie. Tu es trop jeune pour ce genre de commerce, ça se terminera mal. Ne gâche pas tes belles années. Regarde mon fils ; il a ton âge, et il vit tranquillement avec sa mère et ses sœurs. Retrouve tes parents, profite de la belle vie !

Mario parle de se reposer, de se mettre au vert, d'imiter son fils... Je ne demande pas mieux, moi, de vivre avec mon père et ma mère, et pourquoi pas tous les deux ensemble pendant qu'on y est ! Les boules gonflent dans ma gorge. Je ne suis le fils de personne. Ma vie est une cavale. Changer de voie ? Pour aller où ? On ne se repose jamais quand on est en fuite, surtout à quatorze ans.

J'ai rêvé de liberté dans ma prison d'enfant, et je n'ai découvert dans la rue que l'inquiétude et la solitude, la violence ignoble sous l'hypocrisie de la main tendue, la loi de la jungle. Le bon Mario me renvoie, sans le vouloir, sans le savoir, à ma blessure originelle. Ses paroles déchirent la cicatrice de ma mémoire. La plaie s'ouvre d'un coup. Il en suinte le pus de la révolte. Non, je ne veux pas être un enfant abandonné !

On m'a suffisamment traité de « mauvaise graine » à la maison de correction. Les enfants des hommes ressemblent aux graines de moutarde ou aux grains de blé. S'ils poussent mal ou sans abondance, c'est qu'on n'a pas pris soin d'eux. On ne peut pas leur demander d'aimer le beau, le vrai, le bien, quand on ne les a pas guidés vers le beau, le vrai, le bien. On ne peut pas leur demander de croire en l'homme quand ils n'ont été ni attendus, ni entendus. Pour que la graine donne du fruit, il faut s'occuper de la terre avec amour, être attentif à la croissance, couper parfois, sarcler souvent, et respecter le temps.

Je quitte Mario après le dîner, toutes ces idées tourbillonnant dans ma tête, sans piper mot. Il me raccompagne jusqu'aux Invalides. Avant de nous séparer, il murmure :

— Petit, ne pose pas trop de questions à ton frangin. Dis-lui que je le retrouve chez Lucien demain à midi.

Je cours jusqu'à Latour Maubourg, escalade les

marches quatre à quatre. J'arrive au deuxième étage, je frappe, je sonne. Jacquot m'ouvre la porte.

— Entre, petit, où étais-tu ?

J'ai envie de le serrer dans mes bras, mon grand frère, j'ai tellement eu peur pour lui. Je réponds, plus essoufflé par l'émotion que par la course :

— Chez Mario... il m'a dit... de te dire... demain à midi... chez Lucien.

— OK, Mario va bien, tant mieux. Toi tu vas, tant mieux. Eh bien, moi, ça ne va pas, petit frère.

Je me tais. J'ai peur d'entendre la suite. Je me fais tout petit dans un coin devant ce caïd effondré.

— Tu vois, petit frère, j'arrête. J'ai gagné assez de tunes, je n'ai pas envie de passer le restant de ma vie à marcher à l'ombre. L'autre enfoiré, tu ne le verras plus jamais, tu n'auras plus peur, il ne te crèvera pas... Il a déconné, il ne m'a pas obéi, il est resté sur le carreau.

Jacquot se tient la tête entre ses mains, pâle comme un mort, livide et triste. Je ne l'ai jamais vu si démonté. Il se lève subitement, ramasse ses trois flingues, tend la main.

— Passe-moi le tien.

Je lui tends mon revolver. Il enveloppe les armes dans du papier journal, des chiffons, et ficelle le ballot avec du sparadrap.

— J'arrête tout. Je vais partir avec la fille que tu as vue l'autre jour. Elle m'a dans la peau. Elle veut se marier. Elle est belle et pleine aux as, ça ne gâte rien. Désolé, petit frère, nos chemins vont se séparer. Je te rends ta liberté. Demain, il faut que tu te débrouilles. Quitte les affaires, trouve un travail raisonnable. Tu es débrouillard, tu en veux, tu réussiras.

On va se coucher sur ces paroles terribles. Impossible de trouver le sommeil. Je ne veux pas quitter

Jacquot. C'est mon grand frère. Il me protège, je le couvre. On partage les risques et les butins. Bien sûr, il touche davantage. Je ne lui en veux pas, il est l'aîné.

Lorsque j'ouvre les yeux, le lendemain matin, Jacquot est sapé comme un milord. Sa nouvelle vie commence en beauté, la mienne en déprime. Nous prenons chacun notre valise à la main et nous claquons la porte de cet appartement où nous avons partagé un an de vie et bien des émotions. Je l'accompagne en métro jusqu'à la gare du Nord.

Sur le quai du départ, il s'arrête, me regarde longuement et m'embrasse en disant :

— Merci, petit frère. Tu as été mon premier petit frère, celui que j'ai toujours rêvé d'avoir.

Dans ses yeux, des perles brillent. Il monte dans le train pour Bruxelles. Je détale pour ne pas pleurer devant lui. Mes jambes flageolent, mon cœur et ma gorge se nouent, la peine m'étouffe. À l'intérieur de moi, le déluge, les grandes eaux, le Niagara du chagrin.

J'erre, ma valise à la main. Je tourne en rond. Je reviens à la gare, aimanté par ce quai de départ, par l'espoir fou que mon frère de cœur soit descendu de son train, changeant soudain de décision. Non, le quai est vide, le train est parti, emmenant Jacquot. Il a quitté ma vie, et je dois le chasser de la mienne si je ne veux pas avoir trop mal.

Je viens de placer ma valise à la consigne quand deux policiers en faction me demandent mes papiers. Ma vigilance est émoussée par l'émotion, je les ai oubliés, ceux-là... Je fouille mes poches, en réfléchissant à la meilleure tactique pour me tirer de ce pétrin. Un groupe de touristes hollandais débouche d'un quai derrière les flics ; cela les distrait un instant. J'en profite. Je bouscule l'un d'eux, je roule sur le sol, me relève au milieu des touristes éberlués qui retardent les policiers dans leur chasse. Je me carapate à fond la caisse dans le hall de départ. Je suis dehors, dans la rue, je cavale comme un dératé, les narines saisies par le froid. Je n'entends ni coups de sifflets, ni cavalcade derrière moi. Ouf, je les ai semés. Où aller ? Jacquot m'a demandé de ne jamais retourner à l'appartement, ni dans les lieux que nous fréquentions ensemble.

À quatorze ans, comment survivre dans la ville de grande solitude alors que l'hiver se pointe ?

Quinze ans.
Le tour du monde avec Monsieur Léon.

Seul, à nouveau.
Je retrouve mes vieilles habitudes, à contrecœur, et un garage à vélos pour dormir, près de Bir-Hakeim, rue Alexandre Cabanel. J'ai un mal fou à trouver le sommeil. Mes habitudes de riche dans l'appartement moelleux de Jacquot m'ont rendu délicat et frileux. Je grelotte de froid et de tristesse dans ce réduit glacé de deux mètres sur trois, encombré de cycles, où le corps ne parvient jamais à se déplier complètement.
Le lendemain, je passe à l'action. Il caille de plus en plus. Jacquot m'a laissé un peu d'argent ; ce magot ne me suffira pas pour passer l'hiver. Je dois trouver un boulot, d'abord pour m'occuper la tête. Je gamberge trop depuis le départ de mon grand frère.
J'aborde un monsieur près du Champ-de-Mars, le plus poliment du monde grâce aux formules apprises auprès de mes clientes de La Coupole. Cela me rappelle un horrible souvenir. Je n'ai pas le choix. Ce monsieur me paraît très comme il faut. Je lui confie mon souci, ma recherche de travail. Il

m'écoute attentivement, puis me demande de le suivre, me rassurant :

— Mon garçon, je vais vous présenter à une connaissance. Il a peut-être un emploi pour vous.

Nous voici devant le Félix Potin de la rue Saint-Dominique. Mon mentor semble avoir pignon sur rue ; le patron de la supérette le salue avec révérence. Il me présente comme un jeune homme de confiance, un gars qui en veut. Il me pistonne si bien que le patron m'embauche immédiatement comme magasinier. Il me demande mes papiers d'identité, je réponds :

— Pas de problème, j'ai seize ans, je vous les apporte demain sans faute.

Le lendemain matin, j'oublie bien sûr les papiers que je n'ai pas et je commence le boulot. Dur. De gros casiers de bois remplis de bouteilles de vin, ou de limonade, à décharger. Lourds, très lourds. Un Martiniquais costaud me balance les caisses. Je dois les attraper au vol. Il rigole, l'armoire à glace :

— Tes biscotos, c'est de la chique molle, des spaghettis.

Je ne réponds pas, je me retiens pour ne pas lui envoyer mes spaghettis dans la tronche. Je me bats avec ces casiers qui me scient les bras, avec tous ces litrons de pinard à entreposer dans le sous-sol. J'ai besoin de ce travail et je ne veux pas décevoir mon pistonneur, question d'honneur. Le soir de ce premier jour, moulu, les bras en charpie, je suis fier de moi. J'ai bien gagné mon salaire, même si c'est une misère à côté de mes honoraires de fin de semaine.

Je m'offre un extra. Pas très réglo. Enfin, moins malhonnête que de détrousser des prostituées. Je subtilise des escalopes de dinde et du café, et je glisse ce paquet sur le bord du soupirail de la réserve. Il donne dans une ruelle adjacente. En quittant le travail, je contourne le magasin, je me baisse devant le soupirail pour renouer mon lacet et je ramasse mon dîner du soir. Je le savoure sur un banc du square Löwendal, déchirant la viande crue à belles dents, comme le lion qui rugit sur son rocher au milieu du jardinet. En guise de dessert, je suce les grains de café.

Le lendemain matin, le patron me confie la vente des fruits et légumes. J'apprends à peser, à emballer, à trouver le petit mot pour les clientes, ce mot gentil qui égaie une journée, avec un sourire-soleil. J'en rajoute toujours un peu dans le sac après avoir pesé, les gens sont sensibles à cette attention. Les jours passent, l'hiver s'installe, sans trop de grisaille ni de tristesse. Les habitués me parlent avec gentillesse. Ces bonnes gens ne soupçonnent pas que je suis un fugueur qui dort dans leurs sous-sols et ne se lave qu'une fois par semaine, à la piscine municipale.

Un jour, je livre le sac chez une dame qui m'offre un pourboire royal. Son sourire de princesse m'illumine. Elle a du chien, de l'élégance, de l'assurance, une voix qui râpe. Je tombe sous le charme. Je demande au concierge ce qu'elle fait dans la vie. Il me regarde comme si j'étais débile :

— Mais c'est Jeanne Moreau !

— ... ? Et qui c'est, Jeanne... Boreau ?

— Enfin, l'actrice !

J'ignore qui est cette Jeanne Moreau, mais son pourboire m'a donné des idées. Je commence des extras, des livraisons pendant la pause du déjeuner et le soir, après le travail. J'économise. Le patron m'a à la bonne :

— À vingt et un ans, si tu continues comme ça, tu auras ton propre magasin. N'oublie pas de m'apporter tes papiers demain. Tu me les promets depuis six mois...

J'échappe à la confrontation grâce à un changement de gérant. J'assure au nouveau que je les ai montrés à l'ancien. Le tour est joué.

Le samedi soir et le dimanche, je continue à donner du bon temps à quelques clientes privilégiées de La Coupole. Je suis menacé de surmenage.

Au bout de quelques mois, un client observateur devine que je n'ai pas de chez-moi. Peut-être à l'odeur ? Je m'asperge pourtant de déodorant... C'est un homme sans âge, pas très propre non plus. Il me propose un toit. C'est une aubaine. Je suis épuisé par la formule cache-cache-et-dodo dans la cave à vélos. J'ai accumulé suffisamment d'argent pour aller à l'hôtel ou louer une chambre de bonne, mais suis trop jeune, je me ferais immédiatement gauler.

Cet homme est le concierge d'une grande librairie boulevard de Latour Maubourg. Je le trouve bizarre. Sa loge est petite, humide et bruyante. Mon pressentiment se confirme. Dès le premier soir, cet homo me propose des « choses » : je repousse fermement ses avances et je m'apprête à partir quand il m'invite à rester quand même. Bien qu'il me respecte, cette présence inquiétante trouble mes nuits.

Je vais dormir plusieurs mois dans la tanière de cet individu, cette piaule qui pue le vice, surveillant mes entrées et sorties afin que personne ne m'aperçoive dans l'immeuble. Mon emploi m'a intégré à la vie du quartier. Je salue les passants comme de vieilles connaissances et les îlotiers pensent que je suis un enfant d'ici.

On ne sait jamais... La hantise d'un retour en maison de correction m'incite à la vigilance. Je prends mes précautions. Le réflexe, par exemple, de relever, au début de chaque rue empruntée, un nom sur une plaque. En cas de contrôle, je réponds que j'habite juste à côté, au numéro tant de la rue untel, chez ma grand-mère ou chez ma mère, madame unetelle. Je cite le nom appris par cœur et le numéro. Le truc fonctionne, les flics me croient. Je n'en mène pas large. Lorsqu'ils me soupçonnent et veulent me ramener chez moi pour vérifier, je n'ai plus qu'une solution : leur fausser compagnie et filer fissa, le feu au derrière.

Rouler des poursuivants, quelle satisfaction ! Comme émerger des catacombes après s'être égaré durant des heures dans le maquis souterrain de la nuit. C'est le piquant de ma vie, le harissa dans mon couscous. J'apprends à maîtriser mon souffle lorsque je me planque sous une porte cochère ou sous une voiture et qu'une patrouille me cavale aux fesses. Serai-je trahi par le tam-tam de mon cœur ?... Mon amie la trouille me demeure fidèle.

Mes soirées, je les passe à errer dans les rues de la capitale, à voler des yeux la joie des amoureux, des enfants et de leurs parents, bref, de tous ceux qui s'aiment et ne le cachent pas. Comme un aigle solitaire, j'observe, je scrute, je choisis une proie que je ne lâche plus. Pourtant, je ne peux dérober ni un père ni une mère, ni la joie ni l'amour... Seulement des images qui font mal.

Chaque soir, aux loges du théâtre de la vie, j'observe avec intensité les gens aux terrasses des bars, dans les files d'attente des cinémas, derrière les vitres des restaurants. Chaque soir, mes acteurs changent. À chaque fois, le scénario de la pièce se répète, sur fond de rires, de joie, d'œillades complices, de mains mêlées, de bouches unies. Chaque soir, ma solitude creuse un nouveau sillon.

Certaines nuits, au quartier Latin, je suis ces flâneurs du bonheur dans leur déambulation tendre et c'est insupportable. Je marche alors vers les amoureux qui se donnent la main, je passe entre eux, provocateur, pour rompre la chaîne symbolique de leur amour. Ils bouleversent ma météo intérieure et provoquent un orage incontrôlable dont les foudres se dirigent immédiatement vers mon père. Des bouffées de haine me submergent. Je serre les poings dans mes poches.

Je rentre en catimini dans ma loge et je croise parfois un garçon qui vient de céder aux avances du concierge. J'ai envie de dégueuler et de casser la gueule à cet obsédé. Je préfère fuir. Épuisé par mes sorties nocturnes je retourne dans mes garages à vélos pour essayer de dormir un peu. Des images écœurantes me submergent.

Le matin, ce n'est pas la forme olympique pour retrouver le boulot. J'essaie de masquer la fatigue.

— Alors, Philippe, on a fait la fête ? demande le gérant en riant.

S'il savait... Je m'insulte intérieurement pour m'aider à tenir debout :

— Tiens bon, crevure, t'es qu'une lavasse, allez, un peu de cran !

Un jour, le patron me hèle :

— Une livraison express pour la Maison de la Radio, studio Jacques Picard.

Guénard assure un service sans retard, c'est comme si c'était déjà là.

Au studio Jacques Picard, je manque de laisser tomber mon carton à terre. Mes clients sont quatre chanteurs à moustache. Les Frères Jacques en personne ! Ils répètent. Je leur verse à boire et je reste planté là, à les écouter, fasciné par la gentillesse, le talent et le professionnalisme de ces artistes généreux. Moi qui cherche des trucs pour me botter les fesses, j'en trouve un géant en les voyant recommencer sept fois leur chanson « J'ai de la confiture... » et toutes les mimiques rigolotes qui la jalonnent, parce qu'ils ne sont pas contents du résultat. Un vrai coup de fouet ! Ma fatigue s'envole.

Je rentre au magasin, heureux et flatté.

— Eh bien, Guénard, tu en as mis du temps ! T'as servi à boire à tout le personnel de la Maison de la Radio ?

Le patron rigole. Il est bienveillant. Je lui raconte cette rencontre. Complice, il m'envoie souvent livrer aux studios. J'y rencontre des artistes différents. Je récupère ainsi les chemises de répétition de Johnny Hallyday et de Dick Rivers. Je reviens de ces tournées sur un nuage. Moi qui ne suis le fils de personne, je livre les stars...

Le soir de ces embellies, je rêve dans mon garage à vélos, ou dans la loge sordide du vieil obsédé, qu'un de ces artistes va finir par me regarder, me repérer, s'attacher à moi et m'inviter chez lui, à partager sa vie dorée. On rêve comme on peut. Le rêve prend du temps sur la misère, la souffrance et l'angoisse. C'est un voyage qui ne coûte pas cher et ne dérange personne. Et il n'y a pas de grèves dans le train des rêves...

Ces artistes, je les aime. Pas pour leur popularité, pour ce qu'ils sont, forts et fragiles. J'ai l'impression, en les observant, de pouvoir aller au-delà de la vitrine de la célébrité et me glisser dans les coulisses de leur cœur, les deviner dans leur intimité, dans leur loge secrète.

Je leur sers à boire, sans rien dire, sans les importuner avec des demandes d'autographe, tout à leur service. Pour la plupart, ces répétitions sont laborieuses. Ils reprennent une chanson depuis le début à cause d'un défaut inaudible pour le profane. Je souffre de les voir stoppés dans leur effort. Certains obéissent sans un mot ; d'autres pestent et râlent ; d'autres prennent ça en rigolant ; d'autres enfin, sensibles à l'extrême, vivent ces interruptions comme un échec et une offense. Je les sens près de craquer. Je les admire follement.

Tout ce travail, toute cette peine, pour aboutir au soir du Grand Soir, à cet instant magique et sacré où l'artiste pénètre sur scène, trac au ventre, aveuglé par les projecteurs, affrontant un public avide et difficile. Prêt à tout donner, splendide et solitaire comme l'étoile qui monte au couchant.

Ces songes m'accompagnent durant mes nuits chaotiques dans mes palaces à vélos. J'ai préféré quitter la loge du concierge pédé avant de le réduire en pâtée pour chats, dégoûté de le voir ramener dans cet antre fétide de jeunes proies pour les pervertir.

Un soir de zone, dans le quartier d'Auteuil – je préfère les beaux quartiers : comme leur nom l'indique, ils sont beaux, cela aide à supporter la laideur de la solitude –, je croise un drôle de bonhomme. Il dit s'appeler Léon et se tient assis sur son banc de trottoir comme sur un trône. Il m'interpelle :

— Jeune homme, savez-vous où se trouve le Honduras ?

Je crois avoir mal entendu. Me demande-t-il un renseignement ?

— Le long du quoi ?

— Le Honduras, jeune homme ?
— C'est une station de métro, ça ?
— Non, jeune homme, ce n'est ni une station de métro ni le nom du prochain cheval vainqueur du tiercé d'Auteuil.
— C'est un pays, votre Ho... di... ras ?
— Bravo, jeune homme, le Honduras est en effet un pays. Nous progressons...

Étonnant bonhomme. Son maintien est digne, noble même, et tranche avec l'usure de ses vêtements. Il porte un manteau de cachemire, tellement râpé qu'il est sans couleur, des chaussures anglaises éculées, une veste élimée. Tout, chez cet homme, paraît en loques. Même ses traits fins et distingués tombent. Monsieur Léon est clochard et lit *Le Monde*. Ce n'est pas souvent le numéro du jour. Il lui importe moins d'avoir les nouvelles avec du retard que de les manquer :

— Elles en ont inévitablement, du retard. Alors, un peu plus, un peu moins, à quelques jours près... Et puis, le recul sur l'événement est toujours profitable !

Je m'attache très vite à Léon le clochard, ce grand monsieur qui cache sous son maintien fatigué une profonde noblesse d'âme et une immense détresse de cœur. Ce blessé de la vie a perdu sa femme et leur fils unique dans un accident de voiture qu'il s'est toujours reproché. Toute sa vie s'est effondrée avec la disparition de ses uniques amours. Privé de son âme, il s'est peu à peu désintéressé de sa vie d'honnête homme. Il a abandonné son poste à la Bourse de Paris, a lâché les mondanités brillantes, les cercles d'influence et même certaines relations familiales qui lui paraissaient ne tenir que par intérêt. Que lui importait de gagner sa vie puisqu'il en avait perdu le sens ? Monsieur Léon s'est laissé peu à peu glisser dans une marginalisation pacifique. Cette clochardisation a rompu les derniers liens qui subsistaient avec les siens.

Monsieur Léon m'intrigue. Je lui rends visite presque tous les jours. Il parle un français remarquable, et sa culture est immense. Il la partage avec éloquence, heureux de trouver une oreille attentive et un regard affectueux. C'est un clochard cinq étoiles. Il prétend dormir dans un palace Porte d'Auteuil. Un jour, il accepte de satisfaire ma curiosité :

— Vous voulez voir mon palace, jeune homme ? Eh bien, allons-y !

Il m'emmène visiter son Hilton : un wagon désaffecté de la gare d'Auteuil.

Chaque soir, Monsieur Léon me propose une synthèse de l'actualité, avec une pointe d'humour et ses commentaires critiques. Nous effectuons le tour du monde, de Singapour au Honduras.

Avec lui, je ne cherche pas à bluffer, je confesse sans honte mon immense ignorance. Il rit et dit :

— Jeune homme, laissez-moi parfaire votre éducation géographique.

Il sort de sa poche intérieure un vieux calepin aux pages fatiguées, en extrait une carte du monde qu'il déplie comme une carte au trésor et pointe son doigt vers un minuscule point entre l'Amérique du Nord et l'Amérique du Sud :

— Jeune homme, voici le Honduras, ne l'oubliez jamais !

L'ancien financier m'initie aux cours de la Bourse. Mon tuteur et moi, l'enfant sans école, nous misons des fortunes imaginaires sur des actions réellement cotées. Monsieur Léon évalue leur progression en me donnant des leçons de géopolitique, sur le passé colonial de l'Ouganda, les richesses minières du Zaïre, ou la crise financière de tel pays.

— Tu vas voir, cette action, je te parie qu'elle grimpe, et qu'on la vend au double de son prix dans un mois. On va devenir riches, fiston !

On éclate de rire tous les deux, clochards de la haute qui préférons les étoiles du ciel à celles du Palais Brongniard. N'empêche, un mois plus tard, Léon le vagabond est un homme virtuellement milliardaire. Son pari était le bon. Impressionné, je lui demande :

— Pourquoi vous n'avez pas acheté ces actions puisqu'elles ont effectivement doublé et que vous étiez si sûr de vous ?

— Avec quel argent, mon garçon ?

— Vous auriez bien trouvé une ancienne connaissance ou un vague neveu disposé à vous prêter une brique. Surtout si vous lui promettiez des intérêts ?

— Sans doute, mon garçon, mais la question de fond est celle-ci : tout cet argent, qu'en aurais-je fait ?

— Vous l'auriez placé, ou réinvesti...

— Pourquoi ?

— Pour vous acheter une maison, des habits... euh, je ne sais pas, moi...

— J'ai eu tout ça, jeune homme. J'ai eu une maison, une voiture puissante, j'ai possédé tout ce qu'un homme peut rêver de posséder. Et alors ? Du vent, tout cela, mon jeune ami. C'est du vent ! De la vanité ! Je suis bien plus heureux dans mon wagon cinq étoiles, vêtu de mon manteau de cachemire avec aération intégrée. De quoi ai-je besoin aujourd'hui ? D'un peu d'amitié... Cela, l'argent ne l'achète pas !

Je n'ai rien à redire, moi qui sais bien que l'amour n'est pas en vente dans les grandes surfaces.

Je passe des soirées exquises avec mon ami, ce vieil original qui s'est mis à l'écart de la société malade des hommes. Il me donne le goût de l'histoire et de la géographie, me transmet son humilité devant la connaissance, m'invite à recevoir de chacun la parcelle de lumière qu'il recèle, et à ne pas négliger de prendre le pouls du monde, surtout celui du Honduras.

La grande évasion.

Chaque soir, lorsque nous nous séparons, Monsieur Léon et moi, la mélancolie m'étreint et je n'en mène pas large dans ma solitude glacée. J'ai l'impression de quitter un grand-père. J'abandonne une confiance affectueuse pour un monde hostile. Je dois affronter, avant de retrouver ma tour Eiffel et mon garage à vélos, des quartiers que la police quadrille par des rondes fréquentes. Il n'est pas facile de se dissimuler dans leurs rues linéaires. Malgré une certaine sécurité due à mon emploi, je vis sur le qui-vive.
Une nuit, je viens de raccompagner Monsieur Léon à son Hilton désaffecté de la gare d'Auteuil lorsque je me retrouve serré par les flics rue Singer. Impossible de fuir. Ils m'embarquent sans méchanceté. En descendant du fourgon, devant le commissariat, je trébuche. Le policier qui m'accompagne est déséquilibré, j'en profite pour prendre la tangente. Je cavale comme un fou jusqu'à mon garage à vélos. Trop tard, il est fermé à clef. Je m'oriente vers Bir-Hakeim... Vingt-deux, v'là les flics !

Décidément, cette nuit, ils se sont donné le mot. Je vise l'École militaire, puis les Invalides, j'enfile la rue de l'Université, je tourne rue Leroux, rue de Sèvres : encore des flics ! C'est un congrès, une manif, ou bien la nuit du zèle ?

Je me planque dans le square Boucicaut, derrière une haie, ils passent sans rien voir. Je prends la direction de la rue Bonaparte et là, à l'angle de la rue des Saints-Pères, je tombe nez à nez avec deux hommes qui me saisissent chacun un bras. Des flics en civil, mince ! Je suis pris au collet.

— Vous avez des papiers d'identité ? Que faites-vous dans la rue à des heures pareilles ? Vos parents vous laissent sortir ? Où habitent-ils ?

Je la ferme. Je suis mal barré, ce sont des coriaces. Surtout, je suis crevé, j'en ai marre de fuir, j'ai l'impression de courir depuis des années, d'avoir peur en permanence, ça suffit. Une immense lassitude m'envahit. Je dépose les armes.

Ils appellent leurs collègues par radio, me poussent dans le panier à salade. Je n'oppose aucune résistance. Arrivée au commissariat dans une atmosphère tendue. On m'enferme avec les adultes. J'ai à peine quinze ans, j'en parais dix-huit. On me sort de la cellule. Je me retrouve entre deux flics : l'un devant une machine à écrire ; l'autre, debout, qui m'interroge. Les questions classiques : « Comment t'appelles-tu ? Où habites-tu ? Le nom de tes parents ? Etc. » Je ne veux rien dire.

Celui qui mène l'interrogatoire me demande gentiment :

— Tu as faim ?

J'acquiesce. Il m'apporte un sandwich au pâté et un soda. On mange ensemble. Je réponds à ses questions.

— Guénard Philippe, quinze ou seize ans, je ne sais plus... Orphelin, enfin, non, abandonné... Pas d'adresse parentale... Oui, je couche dans la rue... Oui, en fugue de la maison de correction de D. depuis bientôt trois ans...

Je résume mon histoire, sans évoquer le délictueux bien sûr. Le flic est aux anges, aux petits soins, aux petits oignons. Il n'en revient pas. Il n'a jamais vu un adolescent fugueur réussir à se débrouiller seul aussi longtemps sans se faire coincer. Son collègue tape comme un dératé sur sa vieille bécane.

Après ma déposition, on me remet en cellule durant quelques heures puis on m'embarque pour le Quai aux Fleurs. Là-bas, fouille, confiscation de quelques bricoles et dodo dans une cellule à trois avec les chiottes dans un coin, comme dans les films.

Le lendemain, on m'introduit dans une vaste pièce dont l'unique fenêtre est pourvue de barreaux, dans laquelle attendent une quinzaine de personnes. Je suis le plus jeune, cela m'excite. Je commence à frimer, à faire le fanfaron et je bouscule un gars sans le vouloir. Il réagit au quart de tour :

— Eh, le morveux, dégage ou je t'étripe !

Il lève le bras pour me frapper lorsqu'un autre mec, une baraque de type slave, le lui saisit et le retient :

— Ne le touche pas, je le reconnais, c'est le frère à Jacquot.

Celui qui voulait me réduire en purée s'écrase immédiatement et devient doux comme un agneau. Le nom Jacquot est magique ! Mon protecteur se tourne vers moi :

— Tu ne me reconnais pas ?

Je réfléchis, je fouille dans mes souvenirs. Non, il ne me dit rien.

— Je suis le copain du fils à Mario.
— Ah, oui, tu me reviens, tu l'aidais parfois au resto.
— Qu'est-ce que tu fous là ?
— Je me suis fait gauler rue des Saints-Pères. Et toi ?
— J'ai arrangé le portrait d'un patron de restaurant à Saint-Sulpice. Il m'a gonflé, j'ai tout cassé et j'ai bousculé la flicaille. Ils ne vont pas me rater, j'étais en conditionnelle...
— C'est quoi, le conditionnel ?
Ce mot me rappelle vaguement une leçon abordée avec Monsieur Léon.
— La conditionnelle, c'est la liberté surveillée, si tu préfères. Tu sortiras sans doute plus vite que moi... Souviens-toi que Mario t'a à la bonne et qu'il ne t'a jamais oublié. Il est fidèle en amitié, le vieux !
— Oui, il est sympa. Moi aussi, je l'aime bien.
— Et ton frère Jacquot, qu'est-ce qu'il devient ?
— Il est parti en vacances.
— Tu es seul, alors ?
— Oui, mais c'est pas nouveau. J'ai l'habitude...

On nous sépare. Je retourne dans ma cellule de la nuit, en compagnie d'un mec bizarre avec une sale tronche. Je tapote dans la tuyauterie, les cellules voisines répondent, ça aide à passer le temps. L'autre ne m'inspire pas confiance. Il ne dit rien et m'observe fixement comme un chimpanzé qui aurait une idée derrière la tête.

Au bout de quarante-huit heures, des gendarmes me conduisent au tribunal du Quai aux Fleurs. Impressionnant, la première fois. Je passe de la geôle humide et des couloirs sombres à des corridors luxueux et larges comme des salles de banquet. On émerge de sous-sols anciens dans d'immenses escaliers où des gens se croisent en courant dans un brouhaha feutré. On me fait asseoir sur une banquette. Excellent poste pour observer la ruche de la Justice en activité. Un gendarme m'ordonne de le suivre. Je pénètre dans une salle au plafond si haut qu'on pourrait y installer trois niveaux.

Une secrétaire est devant sa machine. Je m'assois. Une porte s'ouvre dans le fond. Le gendarme salue :

— Bonjour, monsieur le juge.

Le juge m'inspecte. Je l'examine, normal, c'est mon premier juge. Il ouvre un dossier posé devant lui, puis commence à parler, tantôt en épluchant ses papiers, tantôt en me toisant par-dessus ses lunettes.

— Alors, jeune homme, on s'échappe de la maison de correction ?

Pas de réponse.

— Peut-on savoir pourquoi ?

Silence.

— Mais enfin, quelle est la raison de votre fuite ?

Il s'échauffe. Je lâche :

— Je ne veux pas rester en maison de correction.

— Et où voulez-vous aller ?

— Chez ma mère.

Malaise. Il reste bouche bée. Je ne sais pas pourquoi j'ai répondu ça, c'est une phrase idiote venue toute seule, un vœu impossible. Je l'ai dite et il se tait. Il toussote.

— Bon, je pense que vous allez devenir raisonnable. Je vois que vous avez fréquenté des gens peu recommandables. Jeune homme, j'ose espérer que votre expérience vous aura mis un peu de plomb dans la cervelle. Lorsque vous aurez vingt et un ans, vous ferez ce que bon vous semble. Mais maintenant, vous allez retourner en maison de correction...

Je crie :

— Non, je ne veux pas !
— Jeune homme, vous n'avez pas le choix, et je ne vous demande pas votre avis !
— Je me sauverai à nouveau, vous verrez ! Vous ne pouvez pas me faire ça !

Je gueule maintenant, je tremble comme une feuille. Je revois le dirlo, les éducateurs, les chiens, j'entends les menaces et les conneries de chaque jour. Plus jamais ça ! C'est comme s'il me condamnait aux travaux forcés. Le juge n'écoute pas, il ne veut rien entendre. Je lui jette un long regard de défi et de colère. Je te reverrai, petit juge, et tu le regretteras !

Les gendarmes me menottent et m'embarquent. Je pars pour Cayenne.

Un fourgon nous escorte à la gare. Là, je subis la honte : traverser l'immense hall entre deux gendarmes, les mains liées. Si je pouvais me glisser un sac poubelle sur la tête, je le ferais sans hésiter tellement je suis humilié. Les gens me dévisagent comme un monstre, une bête de foire, avec un mélange de crainte et de curiosité malsaine.

Après deux heures de train dans un compartiment vidé pour la circonstance, nous arrivons à la maison de correction de B., dans le Nord. Mes anges gardiens à képi me remettent en main propre au directeur. Il ne paraît pas plus humain que celui de La Rochelle.

Une fois les gendarmes partis, cet enfoiré me file une dérouillée salée. Non, pas tout seul, il est trop lâche pour ça. Une dérouillée à trois contre un, le dirlo et deux éducateurs. Ils annoncent la couleur :

— Toi, on va te mater !

Ils cognent dur, avec les poings, les pieds, les coudes, les genoux. Je m'écroule à terre. Je refuse de me laisser crever par ces salauds, je refuse que cet enfer recommence. La haine afflue, elle devient fureur, elle me gonfle de violence, je me relève d'un bond et je saute sur un éducateur, je lui tire les cheveux, frénétiquement, en hurlant. Je ne veux pas lâcher, je ne veux pas. Je vais lui arracher les tifs. Mes nerfs craquent. Un coup de pied dans le ventre, je suffoque et me tords de douleur. Ils me remettent debout et me forcent à avancer en me tirant par l'oreille.

Ils me parquent au bâtiment C. L'accueil de mes frères de galère est chaleureux. Ma réputation m'a précédé. Ils me surnomment « le roi de la fugue ». Une heure plus tard, je passe chez le toubib pour le vaccin et chez le coiffeur pour la coupe à zéro.

Puis les éducateurs de la section C me prennent à part :

— Si tu files pas droit, Zoulou, on va pas te rater. La consigne est de te serrer le boulon.

Je me retiens de leur cracher au visage. L'un d'eux passe derrière moi, m'attrape l'oreille et tire brutalement. Le nez me pique, un frisson me parcourt l'échine, un voile rouge tombe sur mes yeux. Je comprends subitement ce que signifie « avoir la moutarde qui monte au nez ». Je me retourne plus vite que Bruce Lee et je lui porte un coup de pied au tibia. Le matador d'opérette lâche mon oreille et se tient la jambe. Il veut se rebiffer, je le regarde fixement et je lui balance :

— Si tu me touches, je te buterai un jour… ou une nuit.

Il s'écrase. Ses deux compères grommellent et s'éloignent à reculons. À ce moment-là, je disjoncte, je leur hurle :

— Je ne suis qu'un bâtard, une merde pour mes parents et pour vous aussi, d'accord. Vous voulez me casser, eh bien, moi, je m'en fous de cette putain de vie. Vous voulez me serrer la vis, me mater ? Vous ne me faites plus peur, plus rien ne me fait peur. La vie, je m'en balance. Toi, tu veux me tabasser, tu es un homme, viens taper, je n'ai plus rien à perdre !

Je marche vers eux. Ils demeurent interdits, debout, comme des cons. Je lis de la peur dans leurs yeux. Il y a un grand silence. Ce genre de silence qu'on éprouve face au vide. Le silence où le pire peut se produire, où tout peut basculer. Rien.

Rien ne survient. L'explosion finale n'a pas lieu.

Ils me ramènent au réfectoire. Mes frères de galère me laissent une place de choix, au centre de la table. Ils me gâtent, m'honorent : « Tu as des couilles, toi ! » Je ne dis rien. Je suis assommé par cette précipitation d'événements, je ne sais plus quoi penser. Mes rêves sont partis en cavale, tout mon univers vient de s'écrouler. Je ris, je joue au balaise. À l'intérieur de moi, c'est la Bérézina, je suis aussi paumé qu'un chiot dans la jungle.

Une table plus loin, les trois éducateurs disent leur messe basse et me regardent de travers, l'œil méchant. Moi, je les mate avec arrogance. Les yeux me piquent, entre larmes et colère, j'ai l'oreille en feu. Des braises de colère rougeoient en moi.

On se lève de table. Un des éducateurs, le moins con, s'avance vers moi dans un silence général.

— Guénard, tu vas nous suivre. On a décidé que tu devais apprendre à obéir.

Ils m'emmènent sur le terrain de foot.

— Tu le nettoies. Tu ramasses tous les papiers et toutes les feuilles. Faut qu'il soit impeccable, Guénard !

Ils me tendent des sacs poubelles. Les deux bergers allemands me collent aux baskets. Je n'en mène pas large, ces deux molosses me terrorisent. J'essaie quand même de réfléchir.

Le lendemain matin, les éducateurs me ramènent au stade. Il est jonché de feuilles et de papiers, alors que je l'ai laissé impeccable hier soir. Je pige : ces salauds ont vidé les poubelles que j'ai remplies. Ils ont renversé ce que j'ai ramassé.

— Recommence, l'emmerdeur ! Tu feras cela jusqu'à ce que tu obéisses !

Je les regarde en face et je leur dis, sans élever la voix :

— Dans trois jours, j'aurai fini.

À ce moment-là, l'envie irrépressible de me barrer loin, très loin, me prend. Pour ça, il faut que je réalise mon plan d'évasion. Ces crétins, sans le savoir, le servent à merveille, grâce à leur méchanceté.

De nouveau, je commence à ramasser les papiers et les feuilles, les deux molosses sur les talons. Quand les éducateurs me laissent seul, je sors discrètement de mon slip la nourriture que j'ai subtilisée la veille durant le repas du soir et que j'ai cachée dans cette réserve intime. Les chiens apprécient l'extra.

Le lendemain, le terrain est bien couvert de saloperies. Tant mieux. Le manège recommence. Je nourris les chiens. Ils me lèchent la main. Je les ai apprivoisés. Je leur parle en ramassant les feuilles. Nous faisons le tour du terrain. J'ai repéré, le premier soir, un endroit où le grillage est arraché. Chaque fois que je passe devant, je tape avec mon pied pour agrandir le trou.

Le troisième jour, il est assez large pour que je puisse m'y faufiler. C'est le signal du départ. Le lendemain matin, à 5 heures, je me glisse par l'orifice. Je ne suis pas seul. Un garçon nommé Alain me rejoint. Impressionné par mes aventures, il m'a demandé s'il pouvait fuguer avec moi. Je lui ai dit : « O.K., rendez-vous au stade à 5 heures. » Il est exact au rendez-vous, je n'ai pas de raison de le priver de voyage.

Mes amis les chiens gémissent. Ils nous accompagnent un peu puis, chiens de devoir ou peut-être de gamelle, rebroussent chemin. Ils me rappellent Rantanplan, le chien du pénitencier des aventures de Lucky Luke, qui accompagne les Dalton dans leurs évasions.

Une demi-heure plus tard, nous sommes dans le train pour la capitale alors que l'alerte doit être donnée. Alain a la trouille, je le sens nerveux. Ça me contrarie, car on peut trouver cela étrange. Je lui dis :

— Alain, tu respires à fond, tu décontractes, tu regardes par la fenêtre. Tu es libre, profites-en ! Et ne commence pas à me les gonfler !

Le train entre gare du Nord. Il n'y a pas de policiers au bout du quai. Alain retrouve son calme. Moi, je suis « libre » à nouveau.

Le vieil homme et la mort.

Je hume l'air pollué de la capitale à pleins poumons. Liberté ! Après l'évasion de la maison de correction, l'errance est bienheureuse.
Nuage dans mon ciel serein, Alain me prend la tête. Il a presque dix-huit ans, j'en ai quinze. Il gémit tout le temps. Quand je l'introduis dans mon garage à vélos de La Motte-Picquet, il a une moue de dédain.
— Quoi, tu appelles ça un « palace de nuit » ? Tu te fiches de moi ! Tu crois que je vais dormir dans ce taudis ?
Il a froid, il geint, il se plaint. Je ne parviens pas à le raisonner. À bout d'arguments et à bout de nerfs, je grille mon joker :
— Tiens bon, Alain. Demain, je te présenterai des dames gentilles. C'est du travail en douceur et bien payé. Tu as dix-huit berges, tu pourras t'offrir une chambre d'hôtel.
Rien à faire, Monsieur n'en peut plus, Monsieur veut rentrer à la maison de correction. Quel con ! On se sépare. Alain retourne d'où il vient, par le train.

Ce jour-là, je réalise que je ne suis pas un enfant comme les autres. J'ai quinze ans bien sonnés, j'aime la rue, la liberté de la jungle et ses risques, même si on peut s'y paumer. Les garages à vélos pour dormir, les clochards pour se cultiver, les dames riches pour s'offrir des câlins bien payés et les dames pauvres pour pouvoir épancher son cœur gros. J'aime les beaux appartements avec des draps en soie, la peur du gendarme qui rend piquant le quotidien, les fringues élégantes, les marlous qui vous tapotent la joue en vous disant des mots gentils sortis de leur cœur parfois immense, et les monuments de Paris. La capitale, je m'y sens comme un poisson dans l'eau, même si je me trouve bien seul dans mon bocal.

Vendredi, je cours à La Coupole. Je gagne un ticket avec une dame de ma connaissance. Deux jours plus tard, mon service rendu et mon premier salaire en poche, je retourne dans un resto de Montmartre que nous fréquentions avec Jacquot. Comme je l'espère, j'y retrouve Freddie, surnommé La Magouille, à qui je commande des papiers d'identité bidon.

— Pas de problème, m'assure-t-il, tu paies deux cents balles maintenant, avant le boulot, et le reste après. Suis-moi.

J'allonge l'avance. Nous prenons le métro jusqu'à la place des Ternes. Il me demande d'attendre devant une porte cochère. Au bout de deux heures, je comprends qu'il m'a pigeonné. C'est un immeuble avec deux issues, Freddie a pris la tangente. Je le cherche en vain, jurant qu'il me paiera cet affront et ce vol.

Trois mois plus tard, un soir, dans un bistrot de République, j'aperçois Monsieur Freddie la

Magouille en train de parader au bar. Je m'approche et le serre de près.

— Alors, Freddie, tu te souviens de moi ? Tu ne m'as pas oublié, n'est-ce pas ?

Il a l'air content de me voir. Ses grandes déclarations et sa liste d'excuses ne me trompent pas.

— Je les ai, tes papiers, Guénard, ils sont chez moi, je te jure. Attends-moi ici, je vais te les chercher, je suis là dans une heure. Tu bois à ma santé et à mes frais en attendant, d'accord ?

Je lui laisse croire que je joue le jeu. Une heure plus tard, avec Jim, un copain de galère, nous débarquons chez lui, dans un petit appartement près du cirque d'Hiver. Il nous ouvre, en pyjama. Le naïf allait se coucher ! On le pousse à l'intérieur, et mon pote lui décroche une droite. Il s'écrase sur une table en bafouillant. On lui pique le pognon et on se tire. On est des doux.

Entre-temps, j'ai obtenu des papiers par mon nouvel ami, Jim, de Bagnolet, un magouilleur de première. On se voit souvent. Il n'a pas dix-huit ans et il est totalement livré à lui-même. Sa mère boit, son père est en taule. Double absence. Quand il rentre chez lui, il trouve sa mère dans des états pitoyables. Jim souffre pour elle : elle dort le jour et se saoule la nuit. Quand il m'en parle, sa voix se trouble, ses yeux s'embrument : ce rêveur sensible se retourne par pudeur pour cacher ses larmes. Ses épaules de grand escogriffe s'agitent de sanglots et il renifle : « Viens, on s'arrache. » On part on ne sait où, on marche à l'aveuglette. La mère de Jim et mon père sont prisonniers du même poison. Lui a de la pitié, moi, je n'ai que de la haine.

Le soir, nous allons souvent à Auteuil rendre visite à Monsieur Léon, notre vieil ami. Nous apportons trois tranches de ce jambon dont il raffole. On l'écoute pendant des heures, on rebâtit une partie du monde avant de laisser en suspens cet immense chantier quand vient l'heure du souper. On lui offre notre plat du jour, lui nous dévoile les mystères de l'univers.

Monsieur Léon m'initie aux secrets de la sexualité avec une pudeur de grand-père et une prévention d'homme déçu :

— Faire l'amour, c'est facile et c'est rapide. Ensuite, ça se complique. Trop souvent la douleur succède au plaisir... Mon garçon, réfléchis bien avant de dire « je t'aime » à quelqu'un. Ce ne sont pas des mots qu'il faut dire à moitié...

Songeurs, Jim et moi quittons le vieux Sage fatigué en pensant à nos parents respectifs. Pour oublier la douleur, nous explorons la nuit de Paris. Nous quêtons notre dose quotidienne d'adrénaline. Cette drogue est gratuite. Elle seule apaise ma haine. On chaparde, on casse...

Un soir, à Auteuil, surprise. Nous ne trouvons pas Monsieur Léon sur le banc habituel. Nous attendons jusqu'à vingt-trois heures, personne. Nous allons toquer au wagon, le palace de Léon. Un autre clochard, avec une mine de hérisson dépressif, couche à sa place. Nous lui demandons, un peu inquiets :

— Eh, où est Monsieur Léon ?

Il se marre, le hérisson :

— Monsieur Léon, il est parti pour le grand voyage !

Je regarde Jim, je n'aime pas ça :

— Il nous a pas prévenus, c'est impossible. Parti sans rien dire ? C'est pas son genre !

Hérisson avale une lampée de rouge au goulot de sa bouteille et ajoute en s'essuyant les lèvres :

— Y'a pas de danger, y pouvait pas vous prévenir, y savait pas lui-même. Hier, c'était Nénesse, aujourd'hui Léon. Ils sont partis...

Silence. Hérisson rote.

— ... chez le grand Patron.

— C'est qui, le grand Patron ? je demande en le bousculant.

Il commence à m'énerver, Hérisson, avec ses énigmes.

— Presse pas, jeune homme, presse pas ! Le Patron, c'est celui qui décide tout, le maître de la vie et de la mort. On l'appelle aussi l'Éternel. Léon, il était pas éternel, lui. Il est mort à dix heures ce matin. Renversé par une voiture sur le grand boulevard. Vous inquiétez pas, il a pas souffert. Il est mort sur le coup.

Coup de massue. Monsieur Léon, mort...
Impossible.

Nous partons sans dire un mot. Ce grand-père adoptif m'est indispensable. Ma vie d'adolescent mal aimé ne se conçoit plus sans sa présence. Nénesse, on n'en a rien à faire, on le connaît pas. Ce n'est pas comme Monsieur Léon ; lui ne peut pas mourir. J'en veux au grand Patron d'avoir repris mon ami sans ma permission. Monsieur l'Éternel, ce soir-là, en prend pour son grade. Il passe un mauvais quart d'heure.

Après avoir vomi notre tristesse, on se quitte. Jim rentre chez lui, à Bagnolet, retrouver sa mère ivre et ses larmes ; moi, mon palace à vélos, avec un sentiment glacé de solitude. Je n'ai plus confiance, quelque chose vient de se fermer en moi. Comme un glissement de terrain dans mon cœur, un gouffre qui m'aspire.

Tout ce que j'essaie de construire s'écroule.

Les jours qui suivent sont tristes. La disparition de Monsieur Léon a creusé un vide immense. Le soir, avec Jim, nous achetons *Le Monde*, en hommage à notre vieil ami. Nous dissertons sur un banc. Le cœur n'y est pas, la culture non plus. Alors, on arrête vite ce cérémonial. Notre univers s'effondre, nous avons mal.

Quelques jours plus tard, Jim ne vient pas au rendez-vous. J'apprends par la bande qu'il est en prison. Il a bastonné un gars qui profitait de sa mère saoule. Il a tapé trop fort, le type est à l'hosto. Me voilà seul, avec un moral d'enterrement. À quoi rime cette vie de galère ? Quel est le sens de ce déménagement perpétuel ? Je n'en trouve aucun. Grand trou noir. L'amitié sans doute m'a donné une joie plus grande que mes émotions de délinquant. Elle s'est retirée. Oui, j'en veux au grand Patron qui doit se marrer du haut de Son ciel.

À force de broyer du noir, je baisse ma garde. Ma vigilance devient élastique. La police m'épingle quelques jours après la mort de Monsieur Léon. Je me laisse coincer. Les flics m'embarquent, me conduisent au commissariat puis chez le juge. Même circuit que la dernière fois. Seule consolation, le sourire plein de compréhension de la secrétaire du juge.

— Tiens, te revoilà ?

— Oui, je viens voir l'autre pingouin.

Je n'ai pas entendu le pingouin entrer. Il me regarde en fronçant les sourcils, les deux mains sur les hanches :

— Encore vous, jeune homme ? Que voulez-vous ?

— Je vous l'ai dit, être renvoyé de la maison de correction.

Silence. Il me fait asseoir.

— Que vais-je faire de toi ? Tu as une idée ?

Je réponds calmement :

— Il faut me tuer ! Comme ça, je vous embêterai plus ! Tant que vous aurez une parole de pute, je reviendrai vous faire disjoncter, je vous préviens !

Le pingouin n'a pas l'air choqué, il a dû en entendre d'autres. Il soupire sans sourire. Il décroche son téléphone et parle à je ne sais qui, l'air soucieux. Manifestement, il ne veut pas me tuer. Je préfère ça.

Lettre ouverte
à mon père, Président de la France.

Quelques minutes après l'appel téléphonique du juge embarrassé, deux policiers m'embarquent. Je redoute le pire tout en espérant l'impossible : retour à la maison de correction ? Ou autre solution ? Le pingouin ne m'a rien laissé deviner.

On traverse Paris en fourgon. C'est la nuit.

— Tiens, regarde, dit un des flics. Tu vois l'attroupement, là, devant la maison ? Tu sais qui habite ici ? Le chanteur Claude François. Il y a constamment des filles devant sa porte.

Ces policiers sont gentils. Ils m'escortent jusqu'à ma nouvelle maison de correction. Je n'en crois pas mes yeux ; il y a un baby-foot et une table de ping-pong. C'est une prison de luxe.

Le lendemain, je découvre une machine à écrire sur une table, je me dis : « Chouette, je vais devenir écrivain. » Comme je ne trouve pas la troisième lettre de mon prénom sur le clavier, vlan ! je balance l'engin contre le mur. Elle explose.

L'ambiance est bonne, la bouffe excellente, j'apprécie mes frères de galère. Je commence à trouver le juge sympa de m'avoir placé ici. C'est trop beau pour durer. Le troisième jour, vers midi, une petite femme boulotte, avec un chignon en crotte de chien derrière la nuque, vient me rendre visite. C'est une assistante sociale. Décidément, je collectionne les moches.

— Vous, prenez votre bagage et suivez-moi.

Elle parle sans douceur. Je n'ai aucun bagage, nous partons aussitôt. Pour quelle destination ? Mon gorille reste muet.

Nous nous rendons gare du Nord, de sinistre mémoire. Curieux, les menottes me manquent, les deux gendarmes aussi. Je ne suis, cette fois, qu'un anonyme. C'est encore plus humiliant que d'être un délinquant reconnu et redouté. Je ne peux pas frimer.

Pas causante, ma garde du corps. Après une heure de train, nous voilà arrivés. Nous marchons jusqu'au palais de justice, près de la cathédrale. Je m'assois sur une jolie banquette Empire, rouge, dans un couloir sans fin. De sales souvenirs ricanent. L'assistante sociale pénètre dans une pièce annexe. J'imagine le nombre de chambres pour sans-abri qu'on pourrait aménager dans ce hall. Un gendarme me tape sur l'épaule, me sort de mes rêveries d'entrepreneur humaniste.

— Jeune homme, le juge vous attend.

Le juge ? Quel juge ? Une femme de petite taille se dresse devant une porte, énergique, l'air pas commode, aussi engageante que mon assistante sociale.

— C'est moi, le juge, jeune homme. Suivez-moi !

Je pense :

— Mince, je n'aurais jamais dû demander ce juge. On dirait un dragon !

Plusieurs frères de galère m'ont conseillé ce

magistrat. Ils en parlaient comme d'une mère, avec des larmes dans la voix. Moi, une maman, je ne cherchais que ça, je n'espérais que ça. Je me fichais bien qu'elle soit juge. J'ai donc demandé mon transfert. Mon juge de Paris avait été trop heureux de se débarrasser de ce cas encombrant au profit de sa collègue de province.

Quand Madame le Juge me dit d'entrer dans son bureau, avec sa tronche sévère, je n'en mène pas large.

— Asseyez-vous. Voyons votre cas, monsieur Guénard.

Elle ouvre mon dossier. Elle lit. De longues minutes s'écoulent. Au fur et à mesure qu'elle parcourt les pages, je vois ses yeux s'humidifier, comme Jim lorsqu'il parlait de sa mère. Après quelques minutes de silence, elle relève la tête, me regarde attentivement et dit :

— Jeune homme, que voulez-vous ?

Je me méfie de cette phrase qu'ils ont tous à la bouche, alors que ce sont eux qui décident de notre sort, sans guère tenir compte de nos désirs. Je lui réponds comme au juge précédent :

— Je veux être renvoyé de la maison de correction. Je ne veux pas devenir comme mes frères et sœurs de galère. Je ne veux pas piquer une paire de chaussures, un falzar, une Mob et, à vingt et un ans, quitter la petite prison pour rejoindre la grande, y pourrir une partie de ma vie !

— De toute façon, jeune homme, que vous le vouliez ou non, vous êtes renvoyé de la maison de correction. Ils ne veulent plus de vous !

Choc. Je reste sonné par l'incroyable nouvelle durant quelques secondes. Puis je me lève de mon banc comme un footballeur qui vient de marquer le but de la qualification. J'ai envie de l'embrasser, ma juge. Tout mon être est soulevé par une vague de joie inouïe. Mon rêve se réalise : je suis renvoyé d'une maison de correction ! Je suis le premier à réussir cet exploit ! Je les ai obligés à plier, mes bourreaux !

— Alors, jeune homme, que voulez-vous ?

Elle est marrante, ma juge. Elle m'annonce que je viens de réaliser un de mes grands rêves, que je ne mettrai plus les pieds dans cette prison pour mineurs, et elle me demande déjà comment je vois ma vie. Je n'y ai jamais pensé...

Je passe rapidement en vue des idées de boulot, à la va-vite, et je réponds du tac au tac, comme si c'était le numéro sortant sur le tapis vert de la chance :

— Je veux être cuisinier dans la marine.

Elle réfléchit un instant et me dit avec douceur :

— Je ne crois pas que ce soit un métier pour vous...

— Et pourquoi ?

— Vous êtes trop bagarreur. La vie de groupe ne me paraît pas bonne pour vous. Sinon, à part ca ?

Je suis à sec d'idées. Je n'ai jamais imaginé l'avenir.

— N'importe quoi, donnez-moi une chance. Vous verrez, je gagnerai !

Je suis prêt à tout. Ma libération de la maison de correction, cette victoire sur ces enfoirés d'éducateurs sadiques, m'enivre, me donne confiance. Je veux vivre, je veux me battre pour gagner ; gagner pour être un homme ; être un homme pour pouvoir un jour me venger de mon père.

Tuer mon père... L'un de ces rêves qui me font vivre. Je suis dans cette merde à cause de lui, il faut qu'il paie les pots cassés, et les jambes cassées, et le nez cassé, et l'oreille éclatée, et tout l'amour perdu...

On ne pardonne pas ça quand on a un peu d'honneur.

— Alors, jeune homme ?

— Euh, excusez-moi, madame, j'ai décroché un instant. Je ne sais pas, moi... Ce que vous voulez... Laissez-moi une chance, je réussirai !

Elle me regarde avec affection, madame ma juge. Je comprends pourquoi mes frères de galère l'évoquent avec respect et émotion. Je répète, comme une prière :

— Laissez-moi une chance, une seule chance ! Faites-moi confiance, je gagnerai !

Je suis prêt à saisir n'importe quelle main tendue, et la sienne en est une belle que je n'ai pas envie de lâcher. Elle regarde par la fenêtre quelques secondes. Je crois qu'elle contemple la cathédrale. Après un long silence, elle me dit :

— Sculpteur, cela vous dirait, mon garçon ?

Je suis déconcerté, j'ignore ce que veut dire ce mot.

— Scu... quoi ?

— Vous voyez la cathédrale, là, par la fenêtre ? Est-ce que vous apercevez les bêtes qui sont taillées dans la pierre et qui ornent la galerie ?

— Oui, oui, les monstres qui rigolent ?

— C'est cela, on les appelle des gargouilles. Elles ont sept cents ans. Ce sont des sculpteurs du Moyen Âge qui les ont taillées dans la pierre. Est-ce que ça vous plairait de sculpter des animaux comme cela ? J'ai vu dans votre dossier que vous dessiniez très bien.

Je réponds oui. Elle me proposerait boucher ou plombier, je dirais oui aussi.

Ma juge saisit son combiné téléphonique et compose un numéro :

— J'ai ici un garçon bien et très motivé...

Attends, le garçon bien et très motivé, c'est moi ? Je n'en crois pas mes oreilles.

— ... est-ce que tu pourrais le prendre en apprentissage ?

Au bout du fil, la personne répond oui. Pas de problème, tout semble O.K. Elle me fait un clin d'œil complice, le combiné sur l'oreille. Je commence à m'imaginer sculpteur du Moyen Âge. Lorsqu'elle mentionne mon âge, son interlocuteur réagit :

— Impossible. Il est trop jeune de six mois. Il faut attendre ou demander une dérogation...

— Zut ! Quelle déception ! Bon, je te remercie, on va aviser, je te tiens au courant.

Elle raccroche, manifestement dépitée.

— Nous devons attendre que vous ayez seize ans. À ce moment-là, vous saurez si vous êtes accepté. Six mois trop jeune, c'est trop bête... Ou bien il faudrait demander une dérogation. C'est long et très aléatoire...

— Une dérogation, c'est quoi, madame ?

— Une autorisation, une permission exceptionnelle, si vous préférez.

— Et qui peut la donner, cette autorisation ?

— Le président de la République. Je ne sais pas si vous voyez le problème...

— Y'a pas de problème, madame. Je suis son fils.

— ... ?

— Oui, oui, je suis le fils du président de la République !

Elle m'observe, cherchant à savoir si je viens de sortir une bonne blague, si je me moque d'elle, ou si je suis un Martien.

Je reprends, le plus sérieusement du monde :

— Je ne blague pas, je suis son fils, au Président...

— Oui, bien sûr, vous êtes le fils du président de

la République, j'aurais dû m'en douter. C'est que, voyez-vous, ils ont oublié de le préciser dans votre dossier, et je ne l'ai pas deviné immédiatement...

— Non, je ne blague pas, madame. Laissez-moi vous expliquer. Je suis un enfant de l'État, moi, un pupille de la Nation, un gamin de l'Assistance. Le Président, c'est mon père. À chaque fête nationale, à la maison de correction, on chantait *la Marseillaise* devant la photo du Président, le général de Gaulle, et les éducateurs nous reprenaient : « Tenez-vous droit, c'est votre père. » Même que sa photo ne donnait pas envie de lui chatouiller le menton, à ce papa-là !

Ça ne s'oublie pas.
Un jour, deux flics m'arrêtent, me demandent mes papiers, le nom de mon père, le nom de ma mère, bref, le cirque habituel. Je réponds que mon père est déchu de ses droits, que ma mère m'a abandonné... L'un des policiers est gentil, il a le sens de l'humour, l'autre n'a pas inventé le fil à couper le beurre. Celui-ci me dit :

— Tu as des parents, comme tout le monde. Alors, donne-moi leur identité.

Comme il ne veut rien comprendre, je réplique :

— Vous voulez savoir le nom de mon père ? Je suis sûr que vous n'allez pas me croire... J'ai trois papas : Le général de Gaulle, monsieur Poher et maintenant, monsieur Pompidou.

Le gentil gendarme a rigolé, le gendarme coincé a disjoncté. Il a écrit sur le procès-verbal « outrage à agent dans l'exercice de ses fonctions ». Non, ça ne s'oublie pas.

Je lance à ma juge :

— Je vais lui écrire. On va essayer de demander la doréga... la permission.

Quand on est pauvre, l'humour et l'audace aident à tenir debout. J'emprunte au juge une feuille de papier et je me mets à écrire au Papa Président avec application : « J'ai besoin d'une autorisation. Merci de me dire oui. À bientôt, je vous embrasse. » Je ne sais pas bien former mes lettres, mais ces quelques mots sont lisibles malgré les fautes d'orthographe. Le juge parcourt la lettre en souriant.

— Jeune homme, vous avez une logique étonnante ! me dit-elle.

Et elle me lance, de ses superbes yeux verts, des appels de phares qui donnent le vertige et me plongent en hypnose. Elle prend une enveloppe, y glisse ma lettre plus un mot de sa composition et dit :

— Je vais faire suivre votre demande, je vous le promets.

Comme mes frères et sœurs de galère, je suis tombé moi aussi en amour de cette femme qui sait écouter avec son cœur.

Quelques semaines plus tard, le président de la France, Georges Pompidou, mon père, m'accorde la dérogation demandée. Je ne suis qu'un voyou peu recommandable qui a une chance sur deux d'aller passer la moitié de sa vie en prison. Monsieur Pompidou n'a rien à fiche d'un sale gosse comme moi. Il aurait pu n'accorder aucun intérêt aux lignes mal écrites et pleines de fautes d'un enfant perdu, d'un môme de rien du tout, alors qu'il reçoit des piles de lettres recommandées chaque jour, qui viennent des quatre coins du monde, et qu'il a tout un pays à gouverner, et des tas de soucis en tête. Eh bien, non. Ce Monsieur Pompidou devient, dans mon panthéon personnel, un grand homme. Car il s'est préoccupé d'un petit, d'un sans voix. Il s'est soucié de poser un acte en apparence anodin, qui ne le mettra jamais en avant, qui ne sera jamais publié dans les journaux, ni à la télévision, qui ne lui apportera aucune voix aux élections, qui ne sauvera pas la France. Cet acte désintéressé du Président, cette confiance du juge, qui aurait pu jeter ma lettre à la corbeille et prétexter qu'elle s'était perdue dans les multiples services de l'Élysée, sont pour moi des détonateurs d'humanité.

Ces gens me rendent meilleur.

Voilà un bon juge. Il t'accueille, prend le temps de te regarder en vérité. C'est un juge qui ne juge pas, justement. Il regarde ton dossier, après t'avoir regardé. Il cherche avec toi la possibilité de reconstruire ta vie. Il te tend la main, même si tout paraît perdu.

Je ne pensais pas que ce genre de personne pouvait exister. J'ai trop rencontré de ces juges ou de ces éducateurs qui étiquettent, sapent le moral, coupent les jambes, cassent ce qui peut rester de fondations.

Pour un délinquant, les premiers témoins d'humanité sont souvent les flics, les gendarmes, les juges, les éducateurs. Ces métiers sont ingrats et difficiles, c'est vrai. Ils sont aussi primordiaux. Un flic qui propose gentiment un sandwich, qui offre une boisson et qui ne traite pas un suspect comme un chien, on s'en souvient. Dans un interrogatoire, une véritable affinité peut surgir. J'en ai été témoin. Les punisseurs peuvent être des semeurs de prévention.

Madame le Juge et Monsieur le Président me donnent l'envie de me battre pour construire ma vie alors que ça ne paraissait pas très bien parti. Ils me donnent surtout envie de leur ressembler. Audacieuse ambition pour un gosse de la rue que de vouloir ressembler à Georges Pompidou...

Après tout, c'est normal... C'est mon père !

Apprenti sculpteur de gargouilles.

En attendant le début du stage de sculpteur, ma juge me place dans une école technique, en quatrième de transition. Cela tombe bien, je suis en transit...

Le directeur m'accueille avec bienveillance, les professeurs aussi. Le juge leur a résumé mon histoire. Ma prof de français, une jolie femme, divorcée et fragile, est particulièrement attentionnée. Elle me donne des leçons durant les récréations, car j'ai des lacunes énormes. Au milieu de mes océans d'ignorance pointent des îlots de connaissance. Je surprends les profs par ma culture éclectique sur la géographie de l'Amérique du Sud ou la Révolution française. Merci, Léon. Mes compagnons de classe m'écoutent, admiratifs, évoquer les paysages du Honduras alors que je sais à peine écrire.

Je réalise une fois de plus avec douleur que je ne suis pas comme les autres. À ma grande surprise, mes congénères ne sont jamais sortis du cocon familial et du petit milieu local. Certains professeurs prétendent :

— Ce Guénard est trop jeune pour avoir vécu tout cela, il nous baratine.

Alors mon cœur se durcit et se ferme. Je ne supporte plus ces imbéciles. Comme si on pouvait être trop jeune pour avoir été battu, abandonné, violé, perverti ! La connerie humaine me semble himalayenne. Cette incrédulité me blesse au plus profond de moi, car c'est encore une façon de me refuser. Y a-t-il un âge pour vivre l'invivable ?

Malgré l'épreuve, ces quelques mois d'attente sont pleins de profit. J'apprécie cette école et mes compagnons. La prof m'a pris en affection. Ses délicatesses dépassent d'ailleurs le cadre des cours particuliers qu'elle m'offre bénévolement. Nous trouvons d'autres accords que ceux du participe passé. Un enfant perdu excite chez la femme une fibre maternelle qui peut se muer en tendresse amoureuse. Et j'ai tellement soif de tendresse...

De temps en temps, je déraille. Des bêtises, sans trop valser dans le décor. Mes conneries restent négociables. Je pense à ma juge, je ne veux pas la décevoir, elle a ma parole. Elle est mon garde-fou. Je me tiens presque à carreau.

Je trafique gentiment en échangeant des stocks de *Salut les Copains* ou *Moto Revue* contre des baïonnettes, des Napoléon III en argent, des lampes de cuivre... Avec une partie des bénéfices de ma brocante, j'achète des boîtes de Carambar en gros et je les distribue à mes copains d'école. Je joue au grand seigneur. Encore la frime ! Une façon comme une autre d'acheter l'affection.

On se trompe facilement sur les autres. J'ai classé trop vite dans la catégorie « très con » un gars de la classe qui s'appelle Jean-Luc. Grosse erreur. Je le mute rapidement dans la section « super mec ».

Jean-Luc se révèle être un cadeau pour moi. Il est exactement mon contraire, à l'aise dans sa tête, beaucoup de cœur. En plus, il est bien foutu, et les filles le trouvent beau gosse. On rigole bien ensemble, on drague, on fait une bonne paire tous les deux. Il m'embarque sur sa Malagutti, les samedis soir, on tourne dans les fêtes foraines et les bals de campagne. Il me calme lorsque j'ai envie de me battre. On se nourrit d'œufs durs et d'Americano, et on boit des diabolos anisette tout en matant les filles. Avec lui, le temps passe très vite.

Les meilleures choses ont une fin. Ce sont les mauvaises qui n'arrivent pas à finir.

Le 15 septembre, je rentre en apprentissage pour devenir sculpteur de gargouilles. Le premier monstre que je rencontre est en chair et en os. C'est le chef de chantier à qui je me présente ce matin-là. Il me jauge, des pieds à la tête, d'un air goguenard, et, d'une voix sèche, me demande :

— C'est toi qui viens pour travailler ?
— Oui, monsieur.

Il poursuit son inspection silencieuse, comme s'il évaluait chacun de mes muscles, soupesait mes os. Et lâche, avant de me tourner le dos :

— Tu es le vingt-troisième qu'on embauche, tu seras le vingt-troisième à te casser avant la fin de la semaine.

Con, ce type.

Il me prend la tête, je veux dire qu'il me les gonfle, enfin je veux dire que j'ai envie de le détruire.

Dans ces cas-là, j'agite mon crâne de gauche à droite. La personne me regarde, déconcertée, et j'en profite pour lui balancer un coup de genou dans les roustoutouilles avant de me barrer en courant. C'est un de mes jeux préférés, ma « balle au prisonnier ». La victime se plie en deux, retrouve son souffle, m'injurie, me traite de tous les noms et parfois me court après. Je savoure ces moments intenses, ces poursuites piquantes, ce suspense qui met du sel dans l'existence. J'enfourche ma trouille et je pique un sprint. Je gagne toujours.

Ce chef m'agresse gratuitement ? Ah, je vais te faire danser, mon salaud... Je commence à balancer la tête. Au moment du bingo, juste avant de lui lancer mon pied dans les couilles, je me souviens de ma parole : « Laissez-moi une chance, vous verrez, je gagnerai ! »

Je relève la tête et le regarde avec des yeux fixes, façon de lui dire « tu vas voir ce que tu vas voir ». Si je baisse les yeux, si je le laisse me pisser dessus avec son mépris, il m'écrasera. Alors, je tiens bon, je le fixe pleins phares. Et je remarque juste au-dessus de sa tête une pancarte : « Rue Jean XXIII. » Je ne connais pas ce monsieur, j'ignore même que des types importants se promènent avec des matricules comme les enfants abandonnés. Comme je suis le vingt-troisième de la liste qui va se casser avant la fin de la semaine, ce Jean 23 m'est sympathique et je l'adopte comme mon pote.

Sculpteur de pierre, c'est beau, c'est noble, mais avant de tailler la pierre, on la porte. Je charge des blocs très lourds et je les monte du premier au cinquième étage, sur des échafaudages qui tanguent. J'ai mal aux bras, aux jambes, à la tête. Je m'encourage verbalement à coups de « Jean XXIII, mon pote, tu vas voir, c'est le vingt-troisième qui va gagner ». Les ouvriers me traitent de « pipiotte » ou de « Jeanne d'Arc », car je parle tout seul. Je les laisse causer.

Si je « pipiotte » avec Jean XXIII c'est que je n'ai personne à qui confier mes états d'âme, ma fatigue, mes découragements. Il m'aide si bien, Jean XXIII, que je réussis à démentir cet enfoiré de chef de chantier. Je boucle ma première semaine. Il n'en revient pas. Les ouvriers me regardent avec respect. Je suis fier de moi.

Au fil des semaines, je fais des infidélités à mon pote Jean, matricule XXIII. Mes bras, mes jambes se musclent, je deviens costaud. Plus besoin de me fouetter intérieurement à coups d'injures. Les gars me charrient, en vain. L'apprenti larbin achète pour les ouvriers le gros rouge, la Valstar, le pain, les journaux, les tickets de tiercé. J'accepte cette discipline quand elle est demandée avec gentillesse.

Un jour, l'un d'eux prétend que je ne lui rends pas la monnaie exacte alors que je lui livre sa commande d'alimentation. Ce Jacques, surnommé « la Brêle », me traite de voleur devant tout le monde. Je vois rouge et brise les litrons de cet abruti. Le patron accourt, un manche de pioche à la main. La Brêle continue de m'accuser haut et fort : « Il m'a entubé, il m'a volé. » Je pète un plomb. J'arrache au patron son manche de pioche et je commence à cogner la Brêle. Il gueule, il hurle. Les gars essaient de m'arrêter, impossible, je suis déchaîné. Menaçant, je m'approche du visage de Jacques. Il se protège de la main. Il me supplie de ne plus frapper.

— J'arrête seulement si tu dis la vérité. Allez, dis la vérité, espèce de porc !

Alors, ce poltron avoue son mensonge, devant le patron et les ouvriers assemblés. Patrick, un jeune apprenti, lui lance :

— Tu l'as bien cherché. Tu es tombé sur un os, ça t'apprendra !

Un os armé d'un manche de pioche... Le patron me convoque. On monte ensemble dans sa 403 camionnette, et il me remonte les bretelles avec sévérité :

— Tu te souviens de Madame le Juge ? Tu veux la revoir ?

Je me souviens très bien de Madame le Juge et de ma parole. Je réponds :

— Vous, qu'est-ce que vous auriez fait à ma place ?

— Je sais pas... Mais quand il y a des problèmes, viens me voir après le travail, on s'expliquera ensemble. Ne règle pas tes comptes tout seul. Allez, va rejoindre les autres, et ne joue pas ton petit coq !

Il est dur, ce patron, mais c'est un homme droit et juste. Un vrai Compagnon du Devoir. À partir de ce jour, je suis affranchi. J'arrête les courses, et même de chauffer les gamelles.

Les gamelles... Des riens me retournent le cœur. Chaque ouvrier apporte avec lui son déjeuner dans cet ustensile. Je les observe lorsqu'ils déballent leur vaisselle avec des gestes lents et précautionneux. Ce n'est pas de l'objet banal dont ils prennent soin mais de celle qui l'a préparé. La gamelle est le signe de l'amour. Cette cuisine a été mitonnée. Pour les plus jeunes, par leur mère ; pour les plus âgés, par leur femme. Moi, je n'ai pas de gamelle, pas de femme, pas de mère. Cette absence signe ma solitude. Je suis un adepte du sandwich express au camembert. Lorsque certains collègues partagent gentiment leur assiette avec moi, c'est comme s'ils m'invitaient chez eux. Quand on a froid sur un chantier, qu'on a les muscles las, manger chaud réconforte.

Parfois, je veux qu'ils croient que je ne vis pas tout seul, que quelqu'un m'aime et me bichonne. Je m'achète une boîte de conserve chez William Saurin – saucisses aux lentilles, cassoulet… –, je la vide dans une gamelle et je prétends que c'est ma petite amie qui me l'a préparée. Je ne sais pas si ça trompe grand monde…

Jacques « la Brêle » essaie de se rabibocher avec moi. Un jour, nous travaillons ensemble sur le même échafaudage. Il s'excuse.

— Tu sais, je voulais seulement te faire mousser…
— Ben, ton champagne, tu l'as eu !

On rigole et on trinque au vin chaud, car le vent est glacé. Jacques aussi vient de l'Assistance, cela nous rapproche. Il a deux enfants qu'il aime d'autant plus tendrement qu'il n'a pas connu son propre père. Il n'aura de ses nouvelles qu'une seule fois, lorsque l'État lui ordonnera de verser une pension à cet inconnu… Jacques travaille énormément afin d'acheter une maison. Il économise chaque centime, d'où son côté radin. J'apprends à l'admirer et à l'aimer, ma Brêle. Je me jure intérieurement, après cette expérience, d'essayer de toujours dépasser la première impression négative sur quelqu'un et de pénétrer jusqu'à son cœur. L'autre vaut toujours mieux que l'étiquette que nous lui collons sur le dos.

Mon apprentissage chez les Compagnons se déroule sans anicroche. Je tiens ma place au sein de l'entreprise et le travail me plaît. Cela se complique lorsque je dois aller à l'école, quelques jours par mois. Je rame en dessin industriel à cause de grosses lacunes en géométrie. En plus, je me suis mis le professeur à dos. Un jour, lors d'une explication, je lui ai assuré qu'il racontait des craques. Il s'est défendu. L'après-midi, devant tout le monde, j'ai soutenu qu'il avait tort, preuve à l'appui. Je l'ai froissé et humilié publiquement, crétin de petit coq.

Depuis, je paie durement cette erreur de savoir-vivre. Chaque fois que je lui apporte un dessin, il le déchire devant tout le monde.

Je supporte cette offense plusieurs mois d'affilée. Jusqu'à ce matin de mai où il détruit à nouveau mon travail. J'y tiens à celui-là, j'ai trimé dur dessus. La colère me pique le nez, elle coule en moi comme une lave. Je retourne m'asseoir à ma place, en respirant à fond, lentement, mes bouts de papier à la main. Je les pose sur mon bureau puis je reviens très calmement vers le sien. Je saisis un dossier dans lequel ce prof range ses propres dessins et je me mets à les déchirer un à un devant tout le monde, en le regardant. Je lui dis :

— Maintenant, vous savez ce que l'on ressent !

Je sors en claquant la porte.

La classe entière prend ma défense devant le professeur. Mes camarades soutiennent que je suis un peu spécial, d'accord, mais que j'ai des circonstances atténuantes : je travaille dur sur mes dessins malgré mes lacunes, et il est injuste à mon égard. Le professeur écoute. Puis vient me rejoindre dans le couloir. Nous parlons ensemble, seul à seul. Je m'excuse. Il s'excuse à son tour. Et me tape sur l'épaule :

— Allez, viens, on va rejoindre les autres.

Les semaines suivantes, il me demandera davantage de participer, et m'offrira des cours gratuits de géométrie et de dessin industriel, afin que je rattrape mon retard. Je bosse comme un fou, je me bats pour lui, afin qu'il soit fier de moi, et pour le juge. Mes notes deviennent passables. La plus grande leçon que je viens de recevoir de cet homme n'est pas en dessin industriel, c'est en humilité. Il a accepté de pisser sur son orgueil. Il a avancé d'un pas vers moi, pour la paix, alors qu'il était en position de force et d'offensé. Sacrée leçon de vie pour un petit coq.

Je m'insère bien, à l'école et sur le chantier. Je vis une certaine harmonie avec moi-même durant le jour. C'est le soir que cet équilibre se lézarde lorsque le soleil bascule derrière l'horizon. Je chavire dans la tristesse et la révolte. Mes vieux démons passent à l'attaque avec la nuit. L'angoisse monte en moi comme un cheval au galop, surtout lorsque je longe des appartements éclairés ou des maisons animées. Je devine, derrière les voilages, l'intimité de la famille, les enfants qui jouent avec leurs parents ou qui font leurs devoirs sous leur regard. J'entends, par les fenêtres ouvertes, le bruit des couverts dans les assiettes, les rires, les engueulades, la vie. À l'intérieur de moi gronde un monstre de violence et de jalousie : « Pourquoi eux ? Pourquoi ont-ils cette chance ? Pourquoi pas moi ? » Je deviens alors un terroriste de l'amour, un vampire de tendresse. Je compense par les coups l'affection qui ne m'est pas donnée. Je distribue, au hasard des rencontres, par pure vengeance, des coups de genou et des coups de boule à ceux qui ont le malheur de me croiser dans la rue. Ça me délivre de ma solitude. Au moins, on me regarde, on m'insulte, on me court après, on s'intéresse à moi.

Je n'arrête pas d'être blessé par les gens. Ma susceptibilité d'écorché vif est alimentée par des injustices cruelles. Elles semblent s'accumuler. L'enfant de l'Assistance est une proie pour des profiteurs, sous couvert de bienfaisance. Je l'ai constaté avec ma nourrice-bourreau puis avec le tuteur qui veille sur moi depuis le début de mon stage de sculpteur. Je lui remets mon salaire d'ouvrier de chantier, cinq cents francs par mois. Il place cet argent en banque. Du moins le prétend-il, car lorsque au bout d'un an et demi de travail je lui réclame mon dû pour m'acheter une Malagutti, mon vélo ayant été volé, ce salaud répond avec un air innocent : « Mais tu n'as pas d'argent ! Ton compte est vide ! » Il a puisé dans ma caisse, et je ne peux pas le prouver !

Durant quinze jours, je parcours à pied quatorze kilomètres aller, quatorze kilomètres retour, pour me rendre sur le chantier. Épuisé, à bout de nerfs, dégoûté, je vais en plein jour voler une Mobylette de policier devant le palais de justice. Je la couvre d'autocollants et, le lendemain, je reviens devant le commissariat, chevauchant mon larcin. Provocation de petit coq en colère. Personne ne m'arrête, les flics passent sans un regard.

Je m'attribue donc l'engin, considérant que c'est un cadeau de mon père, le président de la République, en réparation de l'injustice commise par mon tuteur.

Seize ans.
Danse avec les coups.

Un soir où la solitude marche avec moi, j'aperçois une grande pancarte accrochée au-dessus d'un porche. Je m'approche et je lis « Salle de boxe ». Ça tilte dans ma tête.

Je me revois, quatre ans plus tôt, dans une rue de Paris. Les gendarmes m'ont chopé. Furieux, j'envoie un croche-pied à celui qui me pousse dans l'Estafette. Il m'interroge ensuite avec patience, sans agressivité ni rancune, couchant mes déclarations dans un carnet marron. Il m'offre des bonbons en disant :

— Vu comme t'es bâti, plus tard, tu pourras être gendarme, ou boxeur.

Gendarme, ça n'est pas le métier auquel rêve immédiatement un enfant de mon origine. J'enregistre pourtant les paroles de cet homme généreux. La gentillesse ne s'oublie jamais, elle se grave dans le secret du cœur.

Boxeur...

Je pénètre dans la salle, en curieux. Des gars cognent sur des sacs de sable, devant de grands miroirs. Ils cognent, cognent dur, dans une odeur de sueur, en haletant. Un costaud d'une cinquantaine d'années s'approche de moi. Il a le regard pleins phares du bonhomme à qui on n'en raconte pas.

— Qu'est-ce que tu veux, mon gars ?

Les yeux en demi-veilleuse, je réponds :

— Boxer comme eux.

Il me dévisage en silence, me sonde :

— Tu as un certificat médical ?

— Non, c'est quoi, un certificat ?

— Va voir un toubib, n'importe quel toubib, explique-lui que tu veux boxer et demande-lui un papier.

Le lendemain, je reviens avec un certificat. Le costaud regard-radar m'accueille avec le sourire.

— Ah, tu l'as, ton papier !

Je suis impatient de me battre, j'ai envie de cogner. Il me donne une corde à sauter :

— Allez, comme les autres !

J'essaie de passer cette ficelle au-dessus de ma tête puis sous mes pieds en la faisant tournoyer. Je m'y prends comme un manche. Je m'embrouille les pattes dans la corde, je manque de tomber par terre. Toute la salle rit de ma maladresse. Ma vanité en prend un coup. Je ressemble à un taurillon égaré dans l'arène, qui ne sait où porter son premier coup de cornes. Je mets mon mouchoir sur mon humiliation. Je reste malgré l'épreuve.

Je me rends à la salle presque tous les soirs. Cet exutoire à ma solitude me permet de déverser ma hargne nocturne contre des sacs de sable plutôt que sur des victimes innocentes. Au bout de quinze jours, j'amorce un entraînement sur le ring avec un gars bien bâti qui pratique depuis deux ans. Je suis très excité. Il a un regard méchant qui m'invite à bastonner. On échange quelques coups. L'entraîneur me crie :

— Ta garde, monte ta garde, tu vas t'en manger une !

Et vlan ! j'en encaisse une sur le nez. Le voile rouge. L'effet est immédiat. Furieux, je fonce, je frappe, je cogne n'importe où et j'en reçois de partout, quand, vlan ! je décoche une droite, Christian tombe au sol. L'engueulade est sévère, je suis suspendu une semaine.

— Tu ne m'as pas écouté ! gronde l'entraîneur. Ici, tu n'es pas dans la rue. Alors, tu te tiens à carreau, sans quoi tu auras affaire à moi.

C'est vrai que je me suis battu comme à la maison de correction, lorsqu'on boxait sans le savoir, sans gants, n'importe comment, pour imiter nos grands frères de galère. Je suis à la salle pour apprendre le noble art, le costaud a raison, et non pour me défoncer comme un sauvage. Cette suspension est une leçon. Je rumine ma connerie.

Christian, je lui ai cassé la mâchoire. Comme nous luttons dans la même catégorie, les poids moyens, on me demande de le remplacer au pied levé dans une exhibition à Saint-Quentin, en ouverture d'un championnat d'Europe. J'exulte, je ne regrette plus du tout de l'avoir envoyé au tapis, le pauvre Christian.

Chez mon tuteur, je m'entraîne sur des sacs d'engrais pour me durcir les poings, les muscles. Le sel d'azote me brûle la peau. La meilleure façon de soulager le supplice est de frapper encore plus fort. J'en chiale de douleur et de colère. Ces sacs inertes, j'imagine que c'est mon père. Cette pensée est ma botte secrète. Elle me galvanise dans les combats, lorsque j'ai besoin d'un « turbo » pour passer à la vitesse supérieure et expédier mon adversaire au tapis. Je pense à mon père... Alors, je tape plus fort, toujours plus fort.

Sur le chantier, je transporte mes pierres en effectuant des tractions de bras. Tout devient entraînement. Ma vie est focalisée par la rage de boxer.

J'ai souvent l'honneur de combattre. J'enchaîne les matches. Le costaud m'a repéré et il me prodigue temps et conseils. Avec une extrême finesse, il canalise ma violence et la mobilise dans un travail technique intensif. Je gagne souvent mes combats par K.-O. Les coups de l'adversaire me stimulent, me gonflent de rage. Je parviens maintenant à investir cette puissance dans une frappe contrôlée et destructrice. Je tape de plus en plus fort et de plus en plus juste.

Je jouis de voir l'autre vaciller sous mes coups et s'effondrer.

Ce mec à terre, un jour, ce sera mon père.

Lors d'une exhibition dans une ville de Belgique, un spectateur me crache au visage alors que je monte sur le ring. Je lui décoche un uppercut qui l'assomme. Après le combat, je rentre au vestiaire et, vlan, je reçois une droite dans l'oreille. La douleur irradie. Colère. Je me retourne, prêt à riposter, et je découvre mon entraîneur. Il est furieux.

— Oui, c'est moi qui t'ai frappé. Ça t'apprendra à ne pas respecter le public !

— J'ai voulu me défendre : ce blanc-bec m'a craché dessus.

— Tais-toi, je ne veux pas t'entendre. Un vrai boxeur réserve ses coups pour le ring. Il respecte son public jusqu'à accepter les humiliations. Un boxeur est un pacifique, un homme civilisé, et pas une petite frappe. Va à la douche !

Henri, mon soigneur, retire mes bandages de main et me tapote amicalement la tête :

— Oublie ça, Tim, ne t'inquiète pas. Il était comme toi avant. Il t'aime bien, tu sais. Tu lui ressembles quand il était jeune.

— Il a de drôles de façons de le montrer !

— S'il ne t'aimait pas, il ne prendrait pas la peine de t'engueuler ! Allez, va te doucher, tu l'as bien eu, ton K.-O.

— Merci, Henri.

Il a les yeux humides. La douche me calme. À la sortie de l'étuve, l'entraîneur me lance une serviette.

— On va aller fêter ta victoire chez Antoinette. Ton jeu de jambes est en progrès. N'oublie pas, tu as deux poings, fiston, c'est pour t'en servir. Tu n'utilises ta gauche qu'à 10 %, c'est du gâchis. Il va falloir travailler ça. En attendant, au frichti !

— Oui, monsieur. Excusez-moi pour tout à l'heure.

— On n'en parle plus. Grouille-toi, fiston, Antoinette va râler.

Une heure plus tard, Antoinette, une amie du club qui tient un restaurant, nous régale de son fameux lapin à la moutarde. Trois parts de lapin plus tard, Antoinette la mignonnette éclate de rire :

— Eh, Tim, il vaut mieux t'avoir en photo que t'inviter au resto !

Elle m'apporte un grand plat de crème que je sauce en me léchant les babines. Ils me regardent bouche bée et Henri dit :

— Tout ça, tu le mets où ?

— Hé, je suis un homme, moi ! Je peux aller m'entraîner maintenant, je suis en forme.

Mon entraîneur rigole :

— Arrête, tu ne peux même pas faire trente pompes !

— On parie... ?

Je m'extirpe de mon siège, je m'allonge à terre et j'enchaîne soixante pompes ! Les dix dernières, j'ai l'impression d'avoir la tour Eiffel sur les fesses. Je me sens capable de soulever ma Girafe pour les beaux yeux d'Antoinette. La frime, ça stimule !

Depuis ce coup à l'oreille et le lapin d'Antoinette, une complicité est scellée entre nous. Je vais vivre des heures merveilleuses d'amitié vraie et virile dans ce club. Les entraînements sont les récréations de ma vie de galère et de solitude. Je passe désormais toutes mes soirées et mes fins de semaine à la salle, dans l'attente du combat.

Le combat... La fièvre du samedi soir. L'échauffement dans le vestiaire, l'appel dans les haut-parleurs, la sortie, le long tunnel, la salle fébrile. Les gens se pressent autour de moi. Je creuse un sillon dans cette masse compacte pour approcher du carré illuminé, au centre de l'ombre. Je m'incline, je passe entre les cordes. Henri m'attache les gants, me tapote l'épaule. Me voilà, tout petit, seul, dans un coin, avec ma trouille au ventre, alors que la foule vocifère et que mon adversaire me dévisage dans le coin opposé. Le gong nous projette l'un contre l'autre...

La boxe est pour moi, enfant de la rue, un extraordinaire cadeau. Des hommes s'occupent de moi, me regardent, m'observent, me transmettent cet art subtil que l'on juge grossier par ignorance. La boxe est une école de tendresse, d'attention et d'humilité.

Après le combat, le vaincu accepte le verdict et le

vainqueur relève le vaincu. Les deux hommes lèvent les bras et s'embrassent.

   Mais la boxe ne suffit pas à écouler toute ma violence. Certaines réflexions, des attitudes, des regards suffisent à déclencher l'orage. Dans ce cas, je contiens difficilement ma colère.
   Je travaille avec Pierrot, un jeune type de trente-cinq ans, père de treize enfants, un gars de l'Assistance lui aussi. Il boit énormément. Ce malade de l'alcool est plus souvent couché que debout. Quand il est valide, il cherche sans cesse la bagarre. Un jour qu'il fait froid, sur un échafaudage, il me demande un outil en me traitant de « fils de pute ». Mon sang ne fait qu'un tour. Je lui balance mon « oreille de cochon », ma truelle, au visage. Je lui balafre la tronche pour avoir insulté ma mère. Il gémit et part en congé maladie pour de vrai. Mon patron me met trois jours à pied. Pierrot ne sera plus jamais dans mon équipe. Ça n'est pas parce qu'elle m'a abandonné qu'on peut dire du mal de ma mère.

   Au bout de deux années d'apprentissage, j'obtiens mon CAP de sculpteur-tailleur de pierre des Compagnons du Devoir. Je n'ai pas dix-huit ans, je suis le plus jeune diplômé de France grâce à la dérogation du Président. Ce jour-là, je hurle de joie. Je plie soigneusement mon attestation, j'enfourche mon vélo et je pédale à fond de train pendant soixante kilomètres, jusqu'au palais de justice. Je pénètre dans l'immense bâtisse comme si c'était chez moi, je retrouve mon couloir, ma banquette rouge Empire et la porte du bureau de ma juge préférée. Je veux entrer. Un gendarme m'interdit l'accès sous prétexte que je n'ai pas de rendez-vous. Je me mets à brailler comme un fou, à appeler dans le couloir :

— Madame le Juge, Madame le Juge !

Les gens s'interrogent, les gendarmes veulent me virer, je continue à gueuler. Soudain, ma juge apparaît. Ouf, elle m'a entendu :

— Mais qu'est-ce qu'il se passe ici ? Ah, c'est vous, jeune homme ? Que faites-vous là ? Et pourquoi ce tapage ?

— J'ai tenu parole, madame. Je vous avais promis que si vous me laissiez une chance, je gagnerais. Ça y est, j'ai gagné ! J'ai reçu mon CAP de sculpteur il y a trois heures et j'ai couru vous apporter mon diplôme !

Je crois sincèrement qu'elle n'en revient pas.

— Je vous en prie, jeune homme, venez dans mon bureau.

Je pénètre dans la pièce, je sors le précieux document de ma poche intérieure. Je le déplie avec précaution comme s'il était couvert de poudre d'or. Je le lui tends :

— Tenez, c'est pour vous ! Je vous avais dit que je gagnerais.

— Non, il est à toi.

— Non, madame, je l'ai gagné grâce à vous. Je l'ai gagné pour vous, il est à vous.

Elle sent ma résolution. Elle prend le diplôme, le regarde avec attention. Elle murmure « Merci ». Dans ses yeux, je lis d'autres mots de reconnaissance. Je suis heureux comme un roi. Je viens d'offrir le plus beau cadeau de ma vie. Deux années de persévérance, de lutte contre mes démons, contre le froid et la chaleur, contre les moqueries et les humiliations, contre la fatigue et le découragement. Une victoire plus belle que celle du ring.

Ma juge, je l'embrasse pour la remercier – elle tient encore mon CAP à la main – et je la quitte en dansant dans mon cœur. Au gendarme, à la secrétaire, je lance :

— Vous voyez que je n'ai pas besoin de rendez-vous, moi ! Je suis son fils !

Je repars sur mon vélo voir mes copains, Jean-Luc, Jacques et les autres. Une fête du tonnerre arrose la victoire.

Contrôle de gendarmerie quelques jours plus tard. Je tombe à nouveau sur la paire dépareillée, les Laurel et Hardy de la brigade, le gentil et le con. Je viens d'acheter une moto toute neuve, rutilante, pour célébrer mon succès. Le gendarme chafouin commence à tourner autour, il cherche la faille. Il me soupçonne bien sûr de l'avoir fauchée.

— C'est louche, je ne trouve pas le numéro du moteur...

Il tourne, inspecte, renifle... Il me les gonfle tellement avec son numéro de moteur que je m'approche de leur 404 garée sur le bord de la route et je demande d'un air soupçonneux :

— Cette voiture est bien à vous, messieurs ?

Je soulève le capot.

— Vous êtes certain que c'est le moteur d'origine ? Je ne trouve pas le numéro du moteur... Étrange... Cette voiture, vous ne l'auriez pas volée, par hasard ?

Laurel a le sourire aux lèvres, comme d'habitude, mais Hardy, qui a autant d'humour que moi de patience, coince un maximum. Zone rouge au compteur. Il éclate :

— Ce n'est pas parce que vous êtes le fils du juge que vous pouvez vous croire tout permis...

Il sort son carnet à souches et m'offre un nouveau procès-verbal pour outrage à agent de la force publique dans l'exercice de ses fonctions – sa spécialité –, plus quelques babioles annexes.

— Croyez-moi, je vais le faire parvenir à votre mère. Elle sera au courant ! Et vous ne pourrez pas le faire sauter facilement !

Je me marre et je file illico chez ma juge :

— Madame, je me permets de vous prévenir que je suis non seulement le fils du Président mais votre enfant, et qu'on va vous apporter une amende salée. Ne vous inquiétez pas, je vais très bien et je ne fais pas de bêtises !

Je suis le plus jeune reçu au CAP mais aussi le premier au classement. Je reçois aussitôt des propositions de travail. L'un des examinateurs est patron d'une grosse entreprise de bâtiment. Il m'embauche aussitôt OQ2 – ouvrier qualifié 2e échelon. La loi exige que je présente mon diplôme à l'employeur. Zut. Je retourne voir ma juge préférée, sans rendez-vous. Le gendarme de faction me laisse entrer :

— Ah, c'est encore vous ! Votre mère est dans son bureau.

Je suis dans mes petits souliers :

— Madame, je suis désolé, j'ai complètement oublié ce détail : il me faut le papier de mon CAP pour être embauché.

Il trône sur son bureau, encadré.

— Tiens, tu l'as bien mérité, je suis fière de toi.

— Merci, madame, je vais vous rendre le cadre...

— Non, non, je l'ai choisi en pensant à toi.

À l'intérieur, je suis tout charleston. Son compliment me chamboule. Je la quitte encore plus heureux que la première fois. Fier qu'elle soit fière de moi.

Le lendemain, je présente mon CAP dans son cadre doré à la secrétaire de l'entreprise. Elle s'exclame :

— Mais c'est une œuvre d'art !

Je me gonfle comme un paon, je me pavane. Mon patron me nomme rapidement OQ3 et quelques mois plus tard, chef d'équipe. J'ai une grande gueule, je suis compétent, et les hommes m'aiment bien.

Je dirige une équipe d'Algériens, de Marocains et de Tunisiens avec qui je partage un cabanon de chantier. Nous vivons ensemble vingt-quatre sur vingt-quatre. Je n'oublierai jamais ma première nuit avec eux. Le cabanon mesure quatre mètres sur deux mètres cinquante. En face de la porte d'entrée, un lavabo sous un vasistas. À gauche et à droite, des lits superposés contre la paroi décorée de posters de femmes nues dans des positions sans équivoque. Une odeur écœurante de sueur, d'urine et de renfermé.

Cette première nuit, je n'ai pas dormi. Un ouvrier italien m'a glissé à l'oreille : « Fais gaffe ! Ils vont t'enfiler pendant que tu roupilles. » Au moindre bruit, je suis en alerte. Le jour se lève, je suis intact, épuisé. Mes quatre frères de cabanon dorment comme des sonneurs.

Ils vont devenir de vrais amis et même des frères de cœur à qui je devrai beaucoup. On ne se serait pas choisis. La vie l'a voulu pour nous. Le soir, nous dînons ensemble dans un bungalow voisin où l'on cuit notre popote. Leur famille est loin, la mienne aussi. Ils m'accueillent comme l'un des leurs. Après le repas, les Tunisiens jouent de la musique, les Algériens chantent, les Marocains dansent. Instants magiques où ces hommes qui travaillent dur tout le jour, qui ont usé leurs mains au contact du ciment et de la pierre, tirent de leurs instruments des mélodies pleines de grâce, des harmonies délicates. Notre cabanon devient un salon illuminé des Mille et une Nuits.

Ces hommes vivent de peu. Ils se sacrifient pour leur famille à qui ils envoient la majeure partie de leur paie. Un mois par an, ils partent enfin rejoindre les leurs. Puis reviennent pour une longue année de solitude.

Un soir, devant le lavabo du cabanon, je découvre Mohamed, à genoux. Il parle, gémit, glapit un sabir incompréhensible en se couchant sur le sol. Je lui tape sur l'épaule :

— Mohamed, tu as un malaise ?

Il ne me répond pas, poursuit sa lamentation. Une heure après, durant le repas, je l'interroge : « Tu vas mieux ? » Il me répond que je ne dois pas m'inquiéter : c'est la manière de prier des musulmans. Moi qui le croyais malade ! Mohamed m'explique sa croyance et ses rites quotidiens. J'ignore tout de l'islam, comme du christianisme.

Notre vie communautaire dure un an et quelques mois. Ces amis sentent ma passion et mon excitation juvénile quand je pars boxer. Ils m'encouragent et se réjouissent pour moi. Lorsque je vais combattre dans un pays étranger, je leur rapporte des cadeaux et des souvenirs. Leur reconnaissance me touche au plus profond du cœur.

J'aime danser avec les coups. Je retrouve sur le ring le jeu de jambes hérité des guerriers iroquois, la rapidité de frappe, une certaine grâce dans les déplacements, silencieux, déconcertants.

Ces armes léguées par mon père, je les travaille, je les aiguise pour les retourner contre lui.

J'aime la boxe, passionnément. Ce sport me colle à la peau et me convient parfaitement. J'existe pour quelqu'un, enfin. On me considère. On s'occupe de moi. Quand une arcade sourcilière éclate, des doigts viennent délicatement me soigner. On me fait asseoir, on me parle, on me soigne, on me panse, on me masse, on me prodigue des conseils, on me souffle à l'oreille : « Vas-y, fiston, attaque-le par la droite, tiens bon ! »

Vainqueur, on me tapote la tête pour me féliciter, et quand je gravis les marches du podium sur les épaules de mes maîtres, la foule m'acclame. Moi, l'enfant sans nom. On se presse pour être mon ami.

Je n'oublie pas que j'ai dû monter sur un ring pour être embrassé. J'ai gagné la tendresse à la force de mes poings.

Le soir de ma première victoire en national, il me faut un cadre digne de mon bonheur et de ma fierté pour célébrer l'événement. J'échappe à mes soigneurs et à ma petite équipe de supporters. Je marche dans Paris qui s'est illuminé pour moi, je n'en doute pas. Ces rues que j'ai arpentées, la solitude à mes basques, je les traverse, à pas lents, savourant mon titre. Je m'offre une suite de prince dans l'un des grands hôtels devant lesquels j'ai rêvé. Craignant qu'ils ne m'interdisent l'accès, vu mon âge, je tire de ma poche les liasses de billets de la victoire et je les pose sur le comptoir. Je paie comptant.

— Vous avez des bagages, monsieur ?

— Non, pas de bagages. Rien que mes gants, je les garde avec moi...

Dans l'ascenseur, le groom stylé scrute ma paire de poings, pendus autour de mon cou. Deux grosses boules rouges. Il me dévisage, observe ma face couturée, l'arcade sourcilière scotchée, les bleus, la trace des coups. Il ne pose pas de questions, me fait pénétrer dans la grande suite et ferme la porte, me laissant seul avec l'ivresse de mon triomphe.

Je pose mes gants sur le buffet royal et je m'allonge sur l'immense lit aux draps de soie. Loin, très loin de mon garage à vélos.

C'est la première fois que la solitude ne me pèse pas. Elle me semble aussi légère que des bulles de champagne.

Ce soir, je suis vainqueur. Je suis plus fort que mon père.

Le lendemain, je ne quitterai ma suite qu'à midi. Midi pile. Pour ne pas perdre un instant de ce grand confort que je me suis payé avec ma sueur, mon sang, mes poings, ma haine.

Dix-huit ans.
À la découverte des extra-terriens.

Jean-Marie est un drôle de type. Il suit un stage de maçonnerie moderne avec moi, à Compiègne. Il a les cheveux qui bouclent dans tous les sens, une musculature de Prisunic – on le croirait bâti en allumettes – et porte un éternel tee-shirt marin, rayé blanc et bleu, à croire qu'il est né avec. Il tricote des pulls pour ses amis, sur la plage de Merlimont, en révisant ses cours sur le béton armé. Surtout, ses yeux s'embrasent lorsqu'il parle de Dieu – il en parle souvent, c'est sa marotte –, comme s'il venait de fumer un joint.

Franchement, je me demande ce qu'il fout dans le bâtiment, avec son look d'artiste allumé mystique.

Un jour, dans la cour, un petit groupe se forme autour de lui. Jean-Marie parle une nouvelle fois du Bon Dieu, avec sa flamme communicative. Tout le monde est sous le charme. Cela m'énerve que ce type me vole la vedette, en plus avec un sujet pareil. Je l'aborde :

— Tu prétends que Dieu est venu sur la Terre pour les pauvres ?

Il répond « Oui, oh oui... » avec son regard de braise.
— Pour tous les pauvres ?
— Oui, oh oui, pour tous les pauvres...
— Hier, ton Bon Dieu, Il était où ?
— ...
— T'as lu le journal ?
— ...
— La dame qui a pris quatorze coups de couteau ? Et l'enfant violé, battu ? Il était où ton Bon Dieu des pauvres pendant ce temps-là ? En vacances aux Baléares ?

Il se tait, le bondieusard. Je savoure mon pavé dans sa mare. Je pense lui avoir cloué le bec une fois pour toutes. Eh bien, non, il reprend la parole. Il ne se dégonfle pas, il continue à parler de sa foi avec passion. Il prétend que chacun est aimé d'une manière folle par Dieu, voilà la Bonne Nouvelle, et que lui, chrétien, a le devoir de répandre cette déclaration d'amour.

Il assure aussi que Dieu pleure avec ceux qui pleurent, et que son Christ, sur la croix, a pris toutes les souffrances sur lui. Toutes les trahisons des hommes. Dans un acte d'amour fou. Sa résurrection nous promet le bonheur éternel. Etc. Et plein d'autres paroles incompréhensibles.

Il parle avec ses tripes, Jean-Marie. On se sent tout chose en l'écoutant. Il m'énerve et il me botte à la fois, ce chrétien courageux qui ne quitte pas son Bon Dieu dans l'adversité. Qui ne se tire pas de l'arène quand on lâche les lions de la contradiction. Il ne pisse pas sur son engagement.

Ce garçon ne ressemble pas aux autres. Il m'intrigue. Je le sens traversé d'une exigence intérieure, animé par une joie, une sérénité profonde qui m'interrogent.

Dieu, à cette époque, n'est pas dans mon carnet d'adresses. Plusieurs fois, dans la merde, j'ai appelé le Bon Dieu inconnu, le Sauveteur tout-puissant... Personne n'est descendu du ciel. L'enfant battu et abandonné, le malade qui agonise dans la solitude, la femme qui accouche, l'homme accidenté dont la vie bascule, tous ceux-là poussent un appel au secours vers un Être Suprême même s'ils ne le nomment pas Dieu.

J'ai crié à l'aide. Personne n'a répondu. J'ai rangé Dieu aux abonnés absents.

Jean-Marie m'attire et me dérange en même temps. J'aime le provoquer, le pousser dans ses retranchements. Un jour, par exemple, il frappe à la porte de ma chambre. Je lui balance le poignard avec lequel je suis en train de m'entraîner. Le couteau se plante dans le bois, juste à côté de sa main. Je rigole, lui un peu moins. Il est décontenancé. Moi, je suis fier de ma connerie. Il ne se décourage pas. Il revient me voir le lendemain. Ce mec m'épate.

Il m'étonne aussi parce qu'il ne se conduit pas comme les autres. Lors d'une récréation, je tire à la carabine sur le chat du voisin pour faire râler Jean-Marie, quand il me demande de lui prêter l'arme trois secondes. Le paysan furibard sort de chez lui, l'aperçoit l'arme à la main et, croyant que le viseur est le tireur, lui administre un sérieux savon. Jean-Marie assume l'engueulade sans protester, sans se disculper. Non seulement il n'essaie pas de prouver son innocence, mais il demande pardon au voisin en colère. Je me sens un peu morveux de lui avoir laissé injustement porter le chapeau. Il ne m'en veut pas.

Un lundi matin, je le questionne sur ses occupations du week-end.

— J'ai fait un pèlerinage à Chartres, répond-il. Nous étions quatre mille cinq cents jeunes. On a marché, prié, joué de la musique, c'était formidable !

— Ah ouais ? Et à quoi ça sert, ces conneries ?

— ... D'ailleurs, j'ai prié pour toi, Tim, et pour les jeunes du monde entier.

— Ah ouais ? Je t'ai rien demandé. Merci quand même. Et il y a eu combien de bastons dans ton truc ?

— Des bastons ? C'est quoi, des bastons ?

— Des castagnes, des bagarres, si tu préfères.

— Zéro, aucune baston, aucune bagarre.

Je le fais répéter, incrédule. Ce mec me raconte des craques, j'en suis convaincu :

— Zéro baston ? Tu me le jures sur la tête de ta mère ?

— Zéro baston, j'ai pas besoin de jurer pour que ça soit vrai.

J'observe sa bouche, je lis dans ses yeux, il ne ment pas. Jean-Marie dit vrai. C'est incroyable, impossible qu'il n'y ait pas eu de bagarre. Moi, je suis allé à la fête foraine de Compiègne ce week-end. Il y avait mille cinq cents personnes, et je me suis battu sept fois sans compter une démonstration de boxe le samedi soir. Avec la musique à fond la caisse dans les oreilles, l'alcool qui chauffe dans les veines, il y a toujours quelqu'un qui te branche et le bal commence. Foule équivaut pour moi à dispute, provocation, bagarre. Bim, bam, boum, ça va vite, c'est un peu comme la tendresse. On s'accoste, on se frictionne. Si le gars est sympa, il peut devenir un copain. S'il est con, on remettra ça. Ce sont des souvenirs dans la solitude. Ça meuble la tête quand on n'a rien à mettre dedans.

Jean-Marie interrompt mes réflexions :

— Pourquoi me regardes-tu fixement ? Je ne suis pas un Martien !

— Si, justement. Quatre mille cinq cents personnes et pas d'avoinée, vous êtes bargeots ! Vous auriez pu vous battre vingt fois chacun !

— Zéro baston, tu as ma parole !

Durant la semaine, je retourne cette histoire dans tous les sens. Pèlerinage, pas de baston ? Je n'ai pas encore tout vu, décidément.

Je le questionne à nouveau sur cette marche. Il m'explique qu'il y a emmené des handicapés. Oui, il vit avec des handicapés. Des han-di-ca-pés !

Attends, ce mec est en train de me dire, le plus sérieusement du monde, qu'il bosse gratos pour des débiles, et qu'en plus il passe ses fins de semaine avec eux !

Je le cuisine, je veux en savoir plus sur cet extra-terrien.

Jean-Marie vit dans un foyer de l'Arche, à Compiègne, avec une dizaine de personnes handicapées mentales. L'Arche, m'explique-t-il, est une œuvre fondée par un ancien officier de marine devenu professeur de philosophie, un Canadien nommé Jean Vanier. Ce grand monsieur, révolté par la façon dont certains handicapés mentaux sont rejetés par la société et traités comme des légumes dans les hôpitaux psychiatriques, en a tiré deux d'un asile. Ils s'appellent Raphaël et Philippe.

Enfant, Raphaël a eu une méningite ; il ne peut plus parler ; son corps tangue, privé d'équilibre ; il a ce qu'on appelle une « case » en moins. C'est la même chose pour Philippe. À la mort de leurs parents, ils ont été placés dans cet hôpital, derrière de hauts murs comme s'ils étaient des lépreux. Jean Vanier est venu les chercher. Avec ses deux nouveaux amis, il s'est installé dans la maisonnette d'un village, Trosly-Breuil, à vingt kilomètres de Compiègne. L'ancien bourlingueur au grand cœur a découvert à quel point Raphaël et Philippe avaient souffert du rejet de leur entourage et de la société, et de la déception qu'ils avaient provoquée, sans le vouloir, chez leurs proches. Il a réalisé à quel point ils avaient besoin d'amitié et de confiance. Il s'est mis à l'écoute...

L'idée de Jean Vanier a fait tilt et boule de neige. Depuis 1964, dans toute la France et dans de nombreux pays, des handicapés mentaux vivent en communauté avec des assistants qui partagent leur existence.

— Ce n'est pas toujours facile, me dit Jean-Marie avec passion. Cette vie communautaire nous transforme. Elle nous permet de découvrir l'essentiel. Nous venons pour aider les plus faibles et nous découvrons vite que ce sont eux qui nous aident...

— C'est quoi, l'essentiel ?

— À travers l'Arche, on apprend que nous sommes faits pour aimer. On essaie de mettre toutes nos capacités au service de la construction d'une société plus aimante, où chacun est à sa place.

— Une société d'amour ? Tu plaisantes ?

— Non, Tim. L'Arche est un signe que les êtres humains ne sont pas condamnés à la baston, comme tu dis. À la guerre, à la lutte où les plus forts écrasent toujours les plus faibles. L'amour est possible ! Chaque personne humaine est précieuse et sacrée...

Je l'écoute, pantois, sans voix. Ce type est

complètement azimuté. Il évoque un monde hors de mon monde, incompréhensible pour moi, fascinant pourtant. J'y perçois secrètement plus de vérité que dans le mien. Je ne suis que frime et violence. J'ai décroché plusieurs titres à la boxe et à la lutte. On se presse autour de moi, on me flatte, on m'entoure. Je n'ai jamais eu autant d'amis. Pour moi, cafés, restaurants, boîtes de nuit, tout est gratuit. Ce prestige a grossi ma bande qui se monte désormais à une cinquantaine de jeunes. Ma gloire rejaillit sur eux. Ils me surnomment Boxon, ou Le Sauté. Nous écumons la région sur un rayon de soixante kilomètres. Je suis un caïd. Mon deuxième rêve se réalise.

Mais je ne suis pas heureux. Je ne sais pas pourquoi.

Ma vie est tellement trépidante que je n'ai pas le temps de me poser de grandes questions philosophiques.

Un jour, une belle voiture s'arrête à ma hauteur alors que je discute avec des copains dans la rue. Un monsieur distingué s'avance vers moi. Son chauffeur attend dehors, tenant la porte ouverte. L'un de mes potes me glisse :

— Regarde la grosse légume qui vient te voir !

Kléber a raison. Ce monsieur tiré à quatre épingles s'avance effectivement vers moi. Il me salue et dit :

— Bonjour, monsieur...

Ça me fait drôle, c'est la première fois que l'on me donne du monsieur. Il me félicite pour mon palmarès et ajoute :

— Ma femme et moi serions très honorés de vous avoir à notre table jeudi prochain.

— Ouais, peut-être. Une bonne bouffe, ça se refuse pas. Au fait, qui vous êtes, vous ?

— Le préfet, monsieur.

Il rentre dans sa limousine en me saluant. Je suis cloué par la stupéfaction. Avant d'être un petit champion, j'étais un mauvais garçon. Aujourd'hui, le préfet m'appelle « monsieur » et m'invite à dîner. Les copains me charrient :

— Alors, comme ça, monsieur va aller dans le grand monde ?

Je laisse dire.

Le jeudi suivant, je me rends à l'adresse indiquée. Un domestique m'ouvre, me débarrasse de mon blouson de cuir. Il fait une drôle de tronche en apercevant au dos l'aigle qui pique de son bec une tête de mort, le sigle de ma bande. Nestor retrouve son flegme et me montre le chemin. Je pénètre dans un grand salon où se pressent plusieurs personnes. Tous se tournent vers moi pour m'accueillir. On me présente le maire, le préfet, un sénateur, un industriel, un banquier. Rien que du beau linge. Sapés comme des milords. Je suis le seul sans cravate, en jean, avec ma chemise à col Mao, un foulard autour du cou, des bottes de moto à six sangles et un poignet de force clouté, pratique pour les bastons.

Madame la préfète, très à mon goût, me place à sa droite. Je n'ai jamais vu autant de couverts sur une table, à croire qu'ils ont vidé leurs armoires ! Devant moi, trois assiettes, deux couteaux, deux fourchettes, deux cuillères. Tout en argent. Je passe le dîner à contempler mon attirail de table. À deviner quel couvert choisir. Et à mater la préfète, bien roulée. Les autres, les « huiles », me prennent la tête. Ils me passent de la pommade gratos, c'en est indécent. L'industriel prétend que je suis « extra », et le banquier « super ». Je pense : « Ils délirent, ces deux-là, pourquoi me parlent-ils de margarine "extra" et d'essence "super" ? »

Quand je raconte mon dîner aux copains, ils ont les yeux grands comme les portes à doubles battants du salon du préfet. On se marre à en pleurer. C'est bon de décoincer après les mondanités du pince-fesses. Mes vrais amis me disent :

— Allez, milord, maintenant que t'es un des grands de ce monde, on va s'en jeter un !

La frime est ma drogue. Elle m'aide à accepter le manque de confiance due à ma différence. Ma vie est un tourbillon, une scène de théâtre. En moi, derrière le personnage pétant de santé et de force, mon cœur est triste. Mon existence est aussi fade qu'une foire du Trône sans baston. Les émotions de la boxe et les flatteries ne me comblent pas.

Jean-Marie, lui, est authentique. Il ne joue pas la comédie. Il dit ce qu'il croit, il vit ce qu'il dit. Cela me bouscule étrangement.

Je le retrouve, un vendredi, au vestiaire du centre de stage. On se change après le travail. Je lui demande :

— Ce week-end, tu m'emmènes à ton pélé, à Chartres ?

Il me répond que c'est un pélé annuel et qu'il faut donc attendre un an. Je disjoncte :

— Je me doutais bien que ton histoire c'était du pipeau ! Tu te dégonfles, tu m'as mené en bateau !

Furieux et déçu, je lui décoche un Paris-Brest en pleine poire et je quitte les vestiaires en claquant la porte. Dans la cour, le carillon annonce la fin des cours. Je me barre dans une colère noire.

Je passe le samedi et le dimanche, comme d'habitude, entre foule et solitude, entre forêts de silence et foires bruyantes, bals et troquets. Ces deux mondes s'imposent à moi, s'opposent en moi. J'ai un besoin vital de ce contact charnel avec la nature, de ces longues errances dans les bois où je croise le regard doux et innocent des chevreuils. Où j'écoute la musique des sources. Je me coule sans bruit entre les troncs, me faufile dans les fourrés jusqu'à approcher, parfois à les toucher, les biches et les cerfs. Après ces quelques heures complices avec la nature, je rejoins ma bande pour les conneries habituelles d'un samedi soir. Entre danses endiablées, sonos assourdissantes, alcools à gogo, virées à moto et bagarres rythmées sous le regard des filles. Seul l'excès parvient à chasser la vague de mon passé qui monte en moi avec violence quand me gifle le bonheur des autres.

Le lundi suivant, mes copains de stage me reprochent ouvertement d'y être allé fort avec Jean-Marie. Ils me suggèrent d'aller m'excuser. Je leur lâche, hautain :

— Vous pouvez toujours courir !

Je suis orgueilleux et j'en veux à ce garçon : « Tout ce qu'il m'a raconté depuis le début, c'est du bluff. » Dans le fond, je n'en suis pas si sûr...

Le soir même, je décide d'aller vérifier s'il vit bien avec des handicapés. Je gare ma bécane devant l'Isba, une petite maison située dans une ruelle de Compiègne. J'entends des rires et des cris joyeux. Je frappe à la porte. Une fille handicapée ouvre et me demande :

— Qui tu es, toi ? Comment tu t'appelles, toi ?

Impressionné par son état, je ne réponds rien. Elle pose la question trois fois, je ne trouve rien à dire, moi, le champion de boxe, le balaise. Jean-Marie arrive et lui dit :

— C'est mon ami Tim. Un type super, tu vas voir !

Je songe en moi :

— Lui, il est vraiment bargeot. Je l'assaisonne gratos, et il prétend que je suis son ami, un type super !

Jean-Marie me fait entrer. Je ne suis pas du tout à mon aise. Les choses m'échappent, je ne maîtrise plus la situation. Un garçon handicapé descend l'escalier et me demande mon prénom. Je le lui donne. Il met sa main sur mon cœur et me dit :

— Tim, tu es gentil, toi !

Pouf ! Ses mots sont comme une grande caresse, un Paris-Brest plein de douceur. On ne m'a jamais offert le mot « gentil ». Depuis que je suis né, je ne suis qu'un bâtard et un merdeux ; maintenant que je suis champion, je suis subitement devenu super et extra. Un handicapé, avec sa voix fluette et faussée, sa bouche déformée, m'offre ce mot-cadeau, ce mot-K.-O.

Oui, c'est le premier K.-O. de ma carrière. Je suis mis knock-out par un handicapé.

Pour la première fois de ma vie, je me retrouve à genoux dans mon cœur.

— Moi, je m'appelle Philippe, bafouille-t-il.

Il me prend le bras :

— Tu viens manger avec nous ?

Je n'arrive pas à refuser. Je me laisse entraîner à table. Le repas est simple et joyeux. Les uns aident les autres. Je n'oublierai jamais le menu : des tomates farcies.

Je réfléchis en les observant. Ce handicapé m'a invité parce que je lui parais gentil, non parce que je suis champion. Il ignore mes titres de gloire, mon CV, mes galères et mes gamelles.

Les Archiens sont des extra-terriens. Ils ne ressemblent pas aux autres hommes. Ils instaurent des relations simples et directes : tu leur plais, ils te le disent ; tu ne leur plais pas, ils t'ignorent. Ce sont des cadeaux de spontanéité dans un monde qui calcule. Pas de frime, pas de théâtre... Rafraîchissant.

Je me souviens des paroles étranges de Jean-Marie : « L'Arche, c'est une grande famille. Elle a été suscitée par l'Esprit Saint pour dire à notre époque que le cœur de l'homme ne se situe pas dans la connaissance, dans l'intelligence, dans les techniques, dans la puissance, mais dans l'amour. Pour cela, Dieu a choisi de se manifester à travers des personnes qui souffrent, des personnes faibles, pauvres, simples... »

Je commence à comprendre.

Après le repas, tout le monde se met à la vaisselle en racontant des blagues. Philippe, mon nouveau pote, me dit :

— Tu viens voir Jésus avec nous ?

Pourquoi pas ? Je me sens bien avec eux. Je réalise soudain que, pour aller visiter ce Jésus – ça doit être un de leurs copains, un Portugais, avec ce prénom-là –, je dois traverser la ville en leur compagnie. Attends ! Moi, Boxon le caïd, chef de bande redouté, un aigle et une tête de mort dans le dos, traverser la ville avec une procession de handicapés mentaux, ceux-là même que je surnommais Mongols il y a encore deux heures ? Tu es malade !

Pas le temps de me défiler. Jacqueline, qui m'a ouvert la porte, me prend par un bras, Sophie, une autre fille, l'autre bras. Nous voilà partis, bras dessus, bras dessous, cahin-caha. Jacqueline marche en claudiquant et s'accroche à moi. Quant à Sophie, elle me répète à deux doigts du visage : « Je t'aime bien, Tim, je t'aime bien » en postillonnant généreusement. Derrière, c'est la cour des miracles en liberté. Pourvu qu'aucun de mes potes ne me croise, ça serait la honte !

Une demi-heure plus tard, après avoir traversé la ville, nous arrivons enfin au bout du voyage, sur la place d'une église. Un Anglais nous accueille en saluant chacun : « Bonjour mon frère, bonjour petite sœur ». Je pense : « Quelle famille nombreuse ! » Il se tourne vers moi :

— Ça va, mon frère ?

Attends, je ne le connais pas, ce type, et je ne suis pas son frère ! J'ai des frères et sœurs, mais on nous a séparés. Alors je ne supporte pas qu'un étranger me dise ce mot que ma famille ne peut m'offrir. Je vais lui envoyer une claque, à l'Anglais, moi – « Messieurs les Français, cognez les premiers ! » disait Monsieur Léon. À ce moment-là, mon pote Philippe me tire par la manche :

— Viens, on va voir Jésus.

Il arrive à point, celui-là. Je vais enfin connaître son fameux copain Jésus. Serait-il concierge de l'église ?

Nous entrons dans la chapelle. Le silence règne. Je distingue une centaine de personnes agenouillées dans la pénombre. Je m'arrête, stupéfait. En face de moi, un projecteur éclaire une grande croix. Je reconnais, pendu au crucifix, le type que j'ai croisé si souvent au bord des routes, sur les calvaires de campagne, ce bandit de grand chemin, aux cheveux longs, à moitié nu, le visage douloureux, avec un trou à la poitrine, des clous dans les mains et les pieds.

Je me suis gouré. Jésus n'est pas un copain portugais mais celui qu'on appelle le Christ.

Autre étonnement. Les personnes ne sont pas tournées vers le crucifix de Jésus, au centre. Elles sont toutes orientées vers la gauche. Je dis à Philippe, à voix basse :

— Ils sont cons, ils regardent à gauche et Jésus est de l'autre côté. Qu'est-ce qui leur prend ?

Derrière nous, j'entends des « chut, chut ». Ils m'énervent. Philippe me murmure à l'oreille en me montrant du doigt un objet en forme de soleil doré posé sur une table blanche :

— C'est Jésus, c'est le corps de Jésus, le saint sacrement.

S'il était valide, je veux dire normal, je lui dirais : « Arrête tes sornettes, tu me prends la tête, qu'est-ce que tu racontes ? » Mais il a été tellement gentil et patient avec moi que je préfère me taire.

Je m'embête. Je tourne la tête, j'observe. Certains Archiens sont prosternés comme mes amis musulmans lorsqu'ils prient sur le chantier. D'autres sont accroupis, les yeux fermés. Bizarre.

Je regarde le soleil doré. J'ai du mal à croire que des gens parcourent des kilomètres pour se retrouver, sans rien dire, devant une rondelle blanche qu'ils appellent Jésus. Imagine une boîte de nuit sans musique et sans alcool, où personne ne bouge ! Des hosties, je sais ce que c'est, j'en ai mangé, gamin, des centaines dans le tabernacle de l'église de ma nourrice-bourreau, ça n'est que du pain. De plus, je ne comprends pas leur charabia, saint sacrement, ostensoir, et tout le tralala. Du chinois, pour moi. Ou du latin.

Ce qui m'impressionne, c'est l'expression des visages. Certains irradient une lumière. Ils sont tous paisibles, calmes, sereins. Je me dis : « Si eux arrivent à voir Jésus là-dedans, pourquoi pas moi ? Je ne suis pas plus con qu'un autre. Je vais essayer. Je vais me mettre en position, et vlouf ! ça devrait marcher. »

Je me prosterne cinq minutes, je ne vois toujours rien. J'ai dû oublier un truc dans le mode d'emploi. Ah, oui, fermer les yeux. Il faut sans doute commencer par fermer les yeux... Essayons. Je ferme... Cinq secondes, dix secondes, quinze secondes... Rien, toujours rien. Je ne vais pas passer la nuit dans le noir ! Je rallume. Rien n'a bougé. Et la petite hostie blanche dans le soleil qui continue de me regarder...

Je commence à avoir des crampes dans les jambes, j'ai envie de bouger, lorsqu'un mec vêtu d'une grande robe blanche se lève, va prendre le soleil et emporte Jésus derrière un pilier. Je crie :

— Hé, laisse-le, j'ai pas eu le temps de le voir !

C'est vrai, il pourrait prévenir ! Le type en blanc se retourne vers moi, les cent personnes se retournent vers moi, et j'ai même l'impression que le Christ sur sa croix se retourne vers moi. Leurs yeux ont la même expression, gentille, amusée. Ils doivent se dire : « Il y a un handicapé plus handicapé que les handicapés ! » Le type en robe range Jésus dans un coffre-fort et l'enferme à clef.

Curieux, pourquoi le boucle-t-il à double tour ? Ça me choque qu'on l'enferme. J'aimerais l'aider à s'évader.

Plus curieux encore, je réalise que j'appelle Jésus ce morceau de pain presque transparent... Pourquoi ?

On sort de l'église. C'est la première fois que je ne cherche pas la cogne dans une foule. L'Angliche que j'ai failli talocher s'approche de moi :

— Alors, ça t'a plu mon frère ?

Il recommence, le con. Je réponds :

— Oui, c'est bizarre. Très bizarre. Rigolo, même...

Il doit me trouver spécial et s'éloigne sans rien dire.

Un petit curé sur mon gros-cube.

Cette soirée avec Jésus et les handicapés m'a dérouté. Que se passe-t-il ? Le mois suivant, je gagne moins rapidement mes combats. J'espère que Jésus n'est pas en train de me transformer en fillette.

Pour couronner le tout, ce fameux soir de l'adoration de Jésus, une fille prénommée Karine, une Archienne, me propose de me ramener chez moi après la visite à l'église. J'ai laissé ma moto à l'Isba. Je lui dis :
— Merci, Karine, pas la peine.
Elle insiste. Elle veut voir ma maison, et moi, je ne veux pas. Je loge encore dans le bungalow de chantier, avec ses lits superposés et ses posters porno. Je tente de la décourager. Sans succès.
— Tu veux vraiment voir mon Hilton de douzième zone ? Allons-y, mademoiselle ! Tu ne vas pas être déçue...
Elle conduit. Nous nous garons le long des palissades. Elle se demande où nous sommes, pas très rassurée. Nous pénétrons sur le chantier, j'ouvre la

porte de la roulotte et l'invite à entrer. L'hiver est rigoureux. La pièce est glacée, éclairée par une unique ampoule. Le tour du propriétaire est rapide.

La « tapisserie » porno me fait rougir. Karine est une fille pure, je le sens, je ne veux pas la choquer. Je ne veux surtout pas qu'elle me juge à cause de cette piaule qui sent l'homme trop seul. C'est elle qui a insisté... Elle me plaît, Karine. Elle ne ressemble pas aux autres filles. Quelque chose de clair en elle, douce et en même temps déterminée.

Je n'ai pas envie de la quitter. Nous allons prendre une glace. On discute. D'origine juive, elle s'est convertie au catholicisme à l'Arche où elle est responsable d'un foyer. Elle désire consacrer sa vie aux plus pauvres et rêve de partir au Honduras pour ouvrir une maison de l'Arche. Le Honduras ? Je connais, grâce à Monsieur Léon. Je sors la grosse artillerie de la frime et je commence un exposé complet sur le pays. Je l'épate, je l'épate. C'est bizarre, je n'ai pas envie de la draguer.

Karine, je la revois souvent. Elle n'a pas peur de mes airs de gros dur. Son amitié n'est ni flatterie ni soumission. Juste à sa place. Elle me plaît. Une fille bien, celle que l'on ne pense pas à séduire.

Un soir où elle me ramène à la « maison », nous croisons Mohamed. Je la lui présente, on papote. Une fois Karine partie, j'interroge mon ami algérien dont je connais le goût prononcé pour les femmes :

— Comment tu la trouves ?

Lui aussi est sous le charme. Lorsque je lui explique qu'elle veut donner sa vie aux pauvres du Honduras, il s'exclame « Oh là là ! » et, après un soupir : « Ça, c'est une fille bien. » Mohamed confirme mon jugement, je suis content.

Karine s'envole en septembre 1975 pour le Honduras afin de vivre dans les bidonvilles de Tegucigalpa. Son départ me révolte. Pour une fois que je rencontre une fille pas ordinaire, qui n'est ni une prostituée ni l'une de ces filles faciles qui me regardent avec des yeux de biche ! Elle se barre ! Elle part vivre avec les pauvres au bout du monde. Et moi, je ne suis pas pauvre ?

Ma colère se calme au fil des jours. Je prends conscience de la chance que j'ai eue de rencontrer sur mon chemin de galère cette flamme qui a changé mon regard plutôt gratiné sur la femme. Karine a été ma première sœur chrétienne.

Juste avant de décoller, elle me confie à un frère de cœur, Fernand. Ce balaise, Archien lui aussi, joue au rugby et entraîne les juniors. Fernand, tout le monde le surnomme Toto. Il me séduit aussitôt. Il aime la fête et son cœur est beau. Il m'appelle « petit frère », et je n'ai pas envie de le castagner. On s'affronte ensemble au rugby. Il a de bons copains, de vrais hommes, des types droits.

Toto essaie de me mettre du plomb dans la cervelle. Il a du boulot. Il m'aide avec une patience d'ange quand je recommence mes conneries. Je rue parfois dans les brancards, pourtant il est toujours là à m'attendre.

Ma bande compte désormais près de quatre-vingts membres. Nous rayonnons à moto jusqu'à Maubeuge ou Pontoise, pour semer la casse dans les bals. Je trafique un peu à côté, ce qui grossit un compte en banque bien étoffé par les primes de mes victoires.

Les Archiens sont pauvres, eux, et leur mode de vie ne cesse de m'étonner. Je les fréquente régulièrement pour essayer de comprendre leur drôle de planète. Je vis à cheval entre deux mondes contradictoires, de plus en plus écartelé. En moi, c'est le grand écart.

Plusieurs Archiens m'ont parlé d'un prêtre, un certain Thomas Philippe, qui a fondé l'Arche avec Jean Vanier. Il vit à Trosly. Son cœur brûle d'amour pour tous les blessés de la vie, paraît-il. « Tu vas voir, c'est un saint ! Il faut absolument que tu ailles lui parler », m'assure-t-on.
Je demande :
— Un saint comme Don Bosco et Vincent de Paul ?
— Oui, oui, un homme débordant d'amour.
Je décide d'aller voir le Saint de Trosly. J'ai découvert la vie de Don Bosco et de saint Vincent dans des bandes dessinées à l'âge de quatorze ans. Je les ai dévorées, lues et relues, pleurant chaque fois d'émotion. Ces grands hommes me fascinent. L'un, une force de la nature, qui donne sa vie pour les enfants de la rue, leur fait des tours de cirque, et dont la propre mère lave et repasse le linge ! L'autre qui prend la place d'un rameur dans l'enfer des galères, rachète les esclaves et ramasse les enfants abandonnés. Des héros !
Je vais donc voir « saint » Thomas Philippe en imaginant rencontrer Don Bosco. Arrivé à Trosly, je me renseigne.
— Le père ? Il est en train de célébrer la messe.
J'entre dans la chapelle des Archiens. C'est la communion. Je me place dans la file en dernière position. J'arrive devant un petit bonhomme, habillé en curé, un visage en parchemin, chauve, avec une couronne de cheveux sombres autour du crâne, comme les moines sur les couvercles de boîtes de

camembert. « Le corps de Jésus », me dit-il en tendant l'hostie, croyant que je veux communier. Je lui touche l'épaule, c'est le bonjour de la rue, et je sens une clavicule noueuse, un homme fragile. Déception. Ce Thomas-là n'est qu'un petit homme, presque ratatiné, et je me dis : « C'est pas un saint, ça ! » C'est un modèle réduit à côté du colosse Don Bosco. Les saints, c'est des costauds, des balaises, des grosses pointures, des beaux gosses. Je le sais pour passer mes journées au milieu d'eux, à l'abbaye Saint-Riquier, à restaurer les statues de Jean-Baptiste, de Pierre, de Jude ou d'Étienne. Pas des minus comme Thomas Philippe.

Le père reste immobile avec l'hostie dans la main, surpris. Je lui tourne le dos et sors de la chapelle. Je marche vers ma moto, résolu à me tirer d'ici, lorsqu'une grande bringue de handicapé m'aborde et me montre son vélo, tout fiérot.

— Je m'appelle Didier, il est beau, mon vélo, tu trouves pas ?

Il parle en riant, à toute allure, en avalant ses mots et en ravalant sa salive. Je ne comprends pas ce qu'il marmonne et j'en ai rien à cirer de son biclou. Il insiste :

— Regarde mon vélo, regarde mon vélo !

C'est bon, je regarde le vélo de Didier, qu'il ne cesse d'astiquer. Je n'ai pas le choix, sinon il ne va pas me lâcher. Le père Thomas débouche à ce moment-là. Il vient dans ma direction, je fuis son regard et marche vers ma moto garée un peu plus loin. Il me suit. Je suis gêné. Je le trouve bizarrement sapé, avec sa robe blanche[1]. Il m'intimide, ce

---

1. Le père Thomas Philippe (1905-1993), ordonné prêtre à l'âge de vingt-quatre ans, appartenait à la famille religieuse des dominicains. Ce

petit bout d'homme. Enfoncés sous d'épais sourcils, ses yeux sont doux et bons.

Je démarre ma moto d'un coup de kick. Il s'approche de moi et commence à me parler moto. Je m'étonne. Mes copains Archiens m'ont prévenu : « C'est une super tête, un champion en philosophie et en théologie, l'un des types les plus intelligents de la planète » – avec plein d'autres superlatifs. Voilà que la « super tête » s'intéresse à ma bécane ! Intérieurement, je me dis : « Toi, je vais t'avoir. »

— Mon Père, vous voulez faire un tour à moto ?
— Oh, oui, très volontiers. J'aime beaucoup ça.

Mince, je suis pris au piège. Je pensais qu'il allait se défiler. Je ne peux plus reculer. Il monte derrière moi, je lui lance :

— Accrochez-vous !

Nous démarrons, poignée en coin. Je pense : « Mon p'tit bonhomme, tu m'as coincé, tu vas le payer ! Je me retrouve avec un moine en robe blanche sur ma bécane – pourvu que les potes me voient pas ! Entre un curé et des handicapés, j'ai des drôles de fréquentations en ce moment. En attendant, l'abbé, tu vas te souvenir de la balade ! »

On fonce jusqu'à Compiègne sans trop respecter les limitations de vitesse. Je lui offre en ville le rodéo que j'ai mis au point pour semer les flics ou draguer les lolettes : descentes d'escaliers, slaloms sur les trottoirs, sens interdits sur la roue arrière, feux grillés, coup de bourre sur le boulevard extérieur... Le circuit idéal pour donner le frisson à mes conquêtes. Derrière moi, je sens que le p'tit curé

---

théologien éminent et ce grand mystique fut avec Jean Vanier à l'origine de la fondation de l'Arche, en 1963, à Trosly-Breuil. Les habitants l'appelaient « le Père Blanc », car il allait visiter les malades et les personnes dans le besoin, à bicyclette, dans sa robe blanche de dominicain. *(N. de l'Éd.)*

s'accroche. Il ne dit rien. Il doit être vert, mort de trouille.

On reprend la route de Trosly à travers la forêt. Il m'indique une maisonnette proche de la chapelle. Je m'arrête. Il descend. Ironique, je lui demande :

— Alors, ça vous a plu, la moto ?

Ses petits yeux mouillés se déplissent, et il répond de sa voix fluette :

— C'était bien, très agréable !

Il me sèche ! Je suis en train de m'interroger sur ce qui peut l'impressionner quand il me prend la main, la place dans la sienne, toute ridée, et me propose avec une grande douceur :

— Tu ne voudrais pas le pardon de Jésus ?

Je le regarde fixement, avec un énorme point d'interrogation au fond des yeux :

— Le pardon... ? Qu'est-ce que vous me racontez là ?

Il lâche ma main, recule d'un pas, réfléchit une seconde et dit cette phrase magique :

— Ça peut te faire du bien...

Je ne suis qu'un voyou malheureux, je serais bien bête de ne pas profiter des occasions de me faire du bien. Je suis décidé à piquer à tous les râteliers.

Il reprend ma main. D'un coup, je réalise que je ne suis pas chrétien. Je retire ma main de la sienne :

— Arrêtez, je suis pas de votre bord, moi. Je suis rien ! Même pas baptisé...

Il me regarde, étonné. Me touche le cœur de sa main gauche :

— Jésus connaît ton cœur. Parle-lui doucement, dans ton cœur. Il te connaît et il t'aime.

Il ne faut pas sortir de Polytechnique pour piger ça. Le curé ferme les yeux. Je l'imite. Je m'embête dans le noir, alors je rallume. J'ouvre, je le regarde.

Ses lèvres murmurent des paroles inaudibles, les yeux clos. Il est beau.

C'est la première fois que je trouve un homme beau. Pourtant ce n'est pas Delon, Redford ou Schwarzenegger, le père Thomas. Je me dis : « Eh là, Tim, tu vires de bord ! »

Il ouvre ses yeux pleins de lumière et murmure :

— Je sens que tu vas bien.

C'est vrai, je ne vais pas mal. Je me sens même drôlement paisible.

Au moment de le quitter, il me prend par le bras et me dit :

— Tu viens me voir quand tu veux, je mets la clef ici. Attention à toi !

Je file, un peu chamboulé par cette rencontre, cette prière.

J'ai rendez-vous à soixante-quinze kilomètres de là avec ma bande pour la tournée des bals afin de soigner mon jeu de jambes. C'est samedi soir sur la Terre. Je ne suis pas encore chrétien que je deviens déjà hypocrite... Je cherche un alibi pour expliquer mes deux heures et demie de retard. Je ne vais quand même pas leur avouer, à mes tatoués, que je suis allé à la messe, que j'ai promené un curé en bécane et qu'il m'a donné le pardon de Jésus !

Je n'ai pas à mentir, mes copains ne me demandent rien. Pendant la bringue, à quatre heures du matin, une idée surgit dans ma cervelle embrumée. Et si j'allais revoir le père Thomas ? Il m'a proposé de venir quand je veux ? Allons-y ! Je vais bien voir s'il parle avec son cœur ou si c'est du pipeau. Je mets ainsi tous mes futurs amis à l'épreuve pour tester, trier et ne pas m'encombrer de faux jetons.

Je quitte mes potes. Direction Trosly. Route de nuit, plein pot. Le village est endormi. Je trouve la clef à l'endroit indiqué, mais la porte est ouverte. J'entre sur la pointe des pieds. Il dort, le petit curé, paisible, confiant. Je m'approche de son lit. Il se réveille, sans peur. Met les pieds à terre, sourit. Et avec ses yeux malicieux, pétillants, il me demande, à quatre heures et demie du matin :

— Tu veux encore le pardon de Jésus ?

Je pensais le pousser à disjoncter, mais non, il m'accueille comme un père accueille son fils.

Ce curé me met sur le cul.

L'électrochoc du pardon.

Thomas Philippe, mon p'tit curé.
L'envie de le voir me prend comme une envie de pisser. Elle me vient comme ça, le matin, et je file vers Trosly. Le père Thomas me donne chaque fois le pardon de Jésus. Je reçois ainsi, le plus gratuitement du monde, comme on prend l'apéro, sans trop savoir ce que je vis, une formidable caresse d'amour. Elle me reconstruit, invisiblement.
J'aime regarder le père prier, les yeux fermés. Je l'appelle père, car il l'est. De copain, il est devenu ami ; cet ami, je l'ai choisi comme père. J'ai eu un père de violence, Dieu me donne avec ce prêtre un père de miséricorde qui me prend tout contre lui. Il révolutionne mon image du père. Je commence à pouvoir imaginer l'idée d'un Dieu Père sans avoir envie de le boxer. Je me dis : « Si Dieu est infini, il est encore meilleur que le père Thomas... Est-ce possible ? Ce serait incroyable ! »
Ces rencontres bouleversent mon cœur. Je sens peu à peu fondre en moi la haine pour mon père géniteur. Je voudrais la préserver, cette flamme de la

vengeance, la retenir. Elle m'a fait vivre, tenir debout, cogner plus fort. J'y tiens. Je la sens pourtant décroître en moi, malgré moi. Que se passe-t-il ?

Je n'ai pas été accueilli dans ma famille, j'ai été rejeté avec violence. Je veux tuer mon père tellement ma soif de vengeance est forte. Le père Thomas guérit ces blessures en m'ouvrant ses bras : il m'installe dans le cœur un goutte-à-goutte d'amour qui commence à me transformer.

À chaque rencontre, le pardon de Jésus. Instants de paix.

Je ne dis rien au prêtre, rien à Jésus. Je ferme ma grande gueule. Le père Thomas prie silencieusement à mon côté, une main sur mon épaule. Je rallume toujours avant lui, pour le voir prier. Il est tellement beau, vrai, illuminé de l'intérieur. Je deviens un consommateur insatiable de miséricorde. Un boulimique de pardon. La maisonnette du père Thomas est ma station-service de l'amour. Je viens faire le plein, le plus souvent possible.

Un jour, je suis justement en train d'effectuer ma vidange-graissage du cœur lorsque quelqu'un toque au carreau. Le père ouvre et dit :

— Une petite minute, s'il vous plaît !

Les « petites minutes » du père Thomas sont réputées pour être très élastiques, plus proches de la demi-heure que de la soixantaine de secondes. Il y a la queue devant chez lui. On vient le voir de loin pour lui demander conseil, compassion et réconfort. Ses visiteurs sont très différents dans leur look, leur expérience de la vie, leur milieu social, leur culture.

Soudain, ça tilte en moi, électrochoc dans mon âme de grand pécheur que de voir cet homme accorder des minutes-accordéon à tout le monde. Il donne sa vie, toutes les petites minutes de sa vie, dans une totale disponibilité à ceux qui viennent frapper à sa porte, même à quatre heures du matin. Ouvert à tous, tout le temps. Il se laisse bouffer par tous, humble, discret et lumineux comme une hostie.

Mes tripes de jeune frimeur sont tout d'un coup bouleversées par ce saint. Ce poinçonneur de Dieu qui aide à entrer dans le Royaume sans exiger de ticket, ni de certificat de baptême. Il m'a accueilli brut de décoffrage, sans me juger à la gueule, sans passer mon blouson de cuir, mon jean noir de cambouis, ma longue tresse de cheveux au scanner du jugement bien-pensant et de l'étiquetage social. Il m'a emmené voyager en première classe dans le Train à Grande Vitesse de la rencontre avec Dieu le Père, Dieu vivant, Dieu amour. Il me donne faim de Le connaître et de m'interroger sur le sens de la vie. Il considère mon ignorance avec respect. Il répond à mes questions avec une patience infinie. Sans jamais juger.

Parfois, je l'attaque, je lui déverse mes objections, je me bats, je ne veux pas me laisser convaincre aussi facilement :

— Si votre Dieu est amour, père, pourquoi la souffrance de l'enfant abandonné, la souffrance de la femme qui voit son fils mourir ?

Parfois, il répond par des mots, parfois il répond par un silence. Souvent, quand il se tait, il regarde le crucifix.

Un jour, il me dit :

— Jésus n'a pas répondu à toutes les questions. Ses apôtres et les foules qui le suivaient n'étaient pas capables de tout entendre. Nous devons accepter de ne pas avoir toutes les réponses à nos questions. Cela n'empêche pas d'écouter toutes les questions que posent les hommes...

Plus je reçois le pardon de Jésus, plus je me sens acculé à une évidence dans mon intimité profonde : je dois changer ma façon de vivre. Impossible de reconstruire ma vie sur les « valeurs » qui m'ont permis de survivre : la vengeance, la méfiance, la violence... C'est un chemin inconnu pour moi. Le vrai combat est là. Il commence.

Petit à petit, le père Thomas apaise mes turbulences intérieures, cicatrise mes blessures d'abandon grâce au pardon. C'est un vrai missionnaire du Dieu vivant, un apôtre de feu. Un être ordinaire extraordinaire. J'ai été blessé par des chrétiens et par des prêtres. Voilà que je commence à les aimer à travers lui.

Je vais le voir chaque jour, cinq minutes, durant un an. J'ai envie de changer quand je suis avec lui. Je sens l'énormité du travail à accomplir. Je ne désespère pas. Il me conforte, me rassure de sa seule présence. Parfois ce désir de conversion s'écroule. Je pète un plomb. Lui ne s'affole jamais. Il m'accueille sans condition. Il doit être à l'image de Dieu qui descend sans cesse un cran plus bas, pour que le mec qui dégringole lui tombe dans les bras.

Dans ma misère, je suis devancé par la bonté du père Thomas. C'est toujours lui qui me propose le pardon. Je suis trop pauvre pour le demander.

De lui, je reçois trois trésors : l'accueil inconditionnel, le pardon et l'espérance.

Je viens du néant et n'ai que de la nuit dans mon cœur. Dans cette mélasse, ce petit prêtre, noueux comme un cep de vigne, fragile d'apparence, solide comme un roc dans son âme, a commencé à semer des étoiles. Puis il a aidé l'aube de l'espérance à poindre. Il fait naître en moi cette certitude que je suis fait pour le bonheur de l'amour, pour l'éternité de l'amour, et que c'est accessible même à un voyou. Il me prend comme je suis, ne cherche pas à me changer. Ce prêtre est le canal de l'amour.

L'espérance n'est pas donnée d'un coup de baguette magique. Des hommes de bonne volonté, des femmes, des enfants, des vieilles personnes se battent contre le désespoir qui enserre le monde et aident l'espérance à grandir. Tu ne peux pas passer à côté d'eux sans les remarquer. Ils rayonnent. Ce sont les hommes et leurs façons de vivre qui posent questions. Pas les idées.
Seuls des actes peuvent inverser l'engrenage de la violence. Des actes de paix, des gestes d'amour posés en vérité. La générosité qui n'attend rien en retour débranche la colère et désamorce la bombe de la vengeance.
Un jour, tu te souviendras de ce geste gratuit qu'on a posé pour toi. Et tu ne désespéreras pas.
Dieu m'a fait un fabuleux cadeau en m'offrant le père Thomas.

Le jour où il est devenu mon père, j'ai voulu entrer dans sa famille. J'ai décidé d'être chrétien. Lorsque je lui en parle, il rougit de bonheur. Ses yeux papillonnent de gaieté.
Je tiens quand même à lui formuler une dernière objection, une question qui me travaille au corps, si j'ose dire :
— Qu'est-ce que vous faites avec votre sexualité ? Moi, si je ne baise pas, j'ai mal aux couilles... Et vous ?
Il se pince les lèvres, cherche un peu ses mots et répond très naturellement :

— Ta sexualité, c'est comme ta moto. Pour descendre les escaliers, tu t'es entraîné, tu es tombé, tu t'es relevé, tu as pris du temps et tu as fini par maîtriser ton engin. Ce jour-là, tu as été heureux... La maîtrise de la sexualité ne vient pas en un jour, ni en quinze. C'est une suite de petits actes de maîtrise de soi. Quel bonheur quand on arrive à descendre l'escalier !

Manifestement, il n'a pas oublié notre escapade. Je poursuis sur ma lancée :

— J'ai pris de trop mauvaises habitudes de conduite ! J'ai les femmes dans la peau...

— Tu as pris l'habitude de faire la roue arrière au démarrage à chaque feu rouge ? Pour changer, il va falloir que tu prennes conscience de cette habitude. Puis tu vas essayer au moins une fois de démarrer sans décoller la roue avant. L'habitude se prend la première fois. Après, c'est presque gagné... Essaie, tu verras.

Je n'ai jamais pensé à ça. Je suis baba et plein d'espoir. Il n'a pas répondu à toute la question :

— Vous, père, comment vous fonctionnez avec la sexualité puisque vous n'avez pas le droit de vous en servir ?

Il me regarde avec affection, se lève et va chercher un bouquin dans sa bibliothèque.

— Lis ça, tu comprendras. Je te le prête.

Je le quitte, son pavé sous le bras. Je ne suis pas certain de trouver des lumières à mes interrogations dans ce livre intitulé *L'amour mystique de saint Jean de la Croix et sainte Thérèse d'Avila*. Le soir même, j'essaie pourtant de m'y plonger. J'ai l'impression de lire du latin. Je n'y pige absolument rien.

Une semaine plus tard, je lui rapporte son livre, effondré, sans solution à mon problème :
— Votre chef-d'œuvre, c'est du pipeau, mon père. D'abord, c'est comme du latin, et puis, chez moi, c'est pas comme ça que ça se passe ! Mon père, j'aime les femmes, j'aime vraiment les femmes !

Il sourit, réfléchit un court instant, me considère dans ma différence et me donne le pardon.

Au moment de le quitter, il me dit qu'il m'aime ; et, comme s'il me confiait un secret, il ajoute :
— Il faut toujours tendre vers le plus beau.

Cette déclaration d'affection pure, gratuite, me bouleverse le cœur. Il y a tellement peu de gens qui osent donner ce grand cadeau de bonheur. Se savoir aimé et se l'entendre dire. C'est la potion magique contre la violence, la colère, la révolte.

Son traitement homéopathique me transforme jour après jour. Je deviens un « converti ». Un fou de Dieu, dans tous les sens du mot. Ce n'est pas très reposant pour les autres. Je m'enflamme, je veux vivre l'Évangile au pied de la lettre et reconstruire l'Église comme saint François d'Assise. Je trouve que les cathos ne se bougent pas assez.

Janine, une proche du père Thomas, sait calmer mes emballements mystiques. Cette femme à l'esprit vif, au cœur artiste, sait écouter les gens les plus divers et tirer le meilleur de chacun. Contrairement à d'autres Archiens qui se méfient de moi, elle m'accorde sa confiance. C'est un cadeau précieux. Dans mon hit-parade intérieur, Janine arrive juste après le père Thomas Philippe qui décroche le Grand Cœur d'or.

Elle est responsable du foyer de prière et d'accueil de l'Arche, à Trosly-Breuil, la Ferme, où habite le père. Elle a mis à ma disposition une petite roulotte, installée dans le jardin de la Ferme, qui devient mon palais. Une chambre à moi, pour moi tout seul ! Je me sens comme un prince dans ce chez-moi qui m'aide à me réinsérer en douceur.

Les responsables Archiens connaissent mes talents manuels et me proposent des petits boulots. Je partage ma vie entre la salle de boxe – je suis désormais professionnel – et Trosly où je bricole dans les différentes maisons. J'essaie de prendre des distances avec la bande et certaines activités obscures. Je veux changer de vie.

À l'Arche, je me nourris le cœur, je me rebâtis ; dans la salle de boxe, je calme mes incendies de désir. Je pratique mon sport de façon de plus en plus détachée. Mon unique raison de boxer – me venger de mon père – est en train de s'évanouir. Je réalise que plus je lutte contre mon passé de violence, plus je deviens violent. Il me faut apprendre à l'aimer, ce passé. Cela va être mon grand combat.

Je choque pas mal de monde dans les foyers. Le père Thomas me protège. C'est vrai, je suis imprévisible. Grandir sans structure intérieure a démultiplié mon impulsivité. Profitant d'un combat à l'étranger, je pars subitement en voyage. On me retrouve quelques jours plus tard en train de tirer au revolver sur les pigeons qui nichent dans la charpente de la chapelle de l'Arche, initiant de nouveaux assistants à cette chasse. Cela ne m'empêche pas d'héberger et de soigner des animaux blessés et malades pour qui je me prends d'affection.

Parfois, le passé me rattrape lorsque le présent me blesse. Le ciel bleu se couvre alors de nuages d'orage, en un instant.

Un après-midi, brutal coup de cafard. Mon amie Martine m'a posé un lapin. Cette Parisienne enjouée et pimpante vient trois jours par semaine pour aider à l'accueil. Elle a promis de me donner un cours de français à 15 heures, et je l'attends depuis une demi-heure. À 15 h 30, je démarre la moto et je pars avec ma colère. Je retourne voir mes copains. Les retrouvailles sont chaleureuses, émouvantes même, comme des anciens combattants qui se rappellent leurs faits d'armes. On ne veux pas se quitter. On pique des poules, des canards, des lapins et on s'organise un méchoui campagnard. La fête dure toute la nuit.

À 5 heures du matin, je récupère les quelques volatiles qui ont réchappé à l'orgie pour les offrir au père Thomas. Le jour se lève. Devant sa porte, mon butin caquetant à la main, ma connerie me saute brusquement au visage. Je réveille le père. Il m'accueille et, découvrant les animaux, me dit :

— Tu veux que je leur donne la bénédiction de saint François d'Assise ?

— Non, mon père, ne rigolez pas, c'est grave !

— Qu'est-ce qui est si grave ?

Il me fait asseoir, m'écoute et rigole gentiment en me tapotant la main.

— Mais non, ce n'est pas grave, ce n'est pas une 4L !

— Une 4L ? Qu'est-ce qu'une bagnole vient faire avec mes poules et mon coup de blues ?

— Excuse-moi, je t'explique. Une personne de passage dans un foyer du village vient de voler une 4L. Je veux seulement te dire qu'on doit relativiser et ne pas se juger avec plus de sévérité que le Seigneur. S'aimer soi-même est ce qu'il y a de plus difficile.

Il me donne le pardon de Jésus alors que je m'attends à être jugé et abandonné.

Ce matin-là, à travers la bonté et la patience de mon père, je comprends que Jésus ne me lâchera pas et me pardonnera les bêtises de mon passé mal léché. Si le père Thomas m'a pardonné, alors Dieu m'a tout pardonné. Du coup, je veux faire partie de l'Église, la grande famille. J'accepte tout, même l'obéissance, je prends tout, j'ai soif de tout.

Je veux rentrer dans la bande des chrétiens.

Je présente à la directrice de l'Arche ma candidature pour travailler dans un foyer comme assistant. Je suis sculpteur sur pierre, Compagnon du Devoir, je veux désormais devenir un apprenti chrétien. Elle a un gentil sourire et me répond :

— On verra ça dans un an.

La déception est dévastatrice. Je suis en train de replâtrer ma vie, et mon échafaudage se casse la gueule. Je décide de changer, de me convertir, et on me lâche avec hauteur : « Non, pas tout de suite ! » Dans un an, je serai peut-être mort, moi, ma petite dame ! Tu sais ce qu'on peut faire comme conneries en un an ?

Ce jour-là, j'insulte Dieu et sa bande. Cette bonne femme en prend pour son grade. Tu veux t'en sortir, mais les vieux chrétiens, ceux qui connaissent le secret, le trésor, la Parole de Dieu, te mettent la tête sous l'eau au lieu de te tendre la main ! Dans mon vomissement intérieur, je rugis :

— Tout ça, c'est du vent, rien que des mots !

Je quitte l'Arche furieux et révolté. Je n'y remettrai pas les pieds, c'est juré. Il ne faut pas me prendre pour un con.

Un an et demi plus tard, je prendrai conscience que la directrice de l'Arche m'a rendu là un immense service.

Vingt et un ans.
Mon premier cadeau d'anniversaire.

J'ai lâché ma bande de copains de galère et je viens d'être largué par ma bande de copains chrétiens. Je suis un marginal dans les deux mondes. Je me retrouve seul, une fois de plus. Je zone dans la capitale, ruminant mon amertume et ma révolte.

La pieuvre de mon passé se glisse en moi et pousse ses tentacules de désespoir. Ceux-ci se faufilent, m'enserrent, commencent à m'étouffer. « Non, tu ne pourras jamais changer… »

Le troisième jour d'errance me mène, au hasard des pas, jusqu'à la Porte d'Orléans. J'aperçois un auto-stoppeur, son balluchon à ses pieds, qui lève le pouce. Je me dis : « Tiens, pourquoi pas ? Je vais essayer. » Je lève le pouce. Un autre stoppeur me tombe dessus :

— Eh, tu es le dernier arrivé, tu vas au bout, là-bas. Ici c'est pas ta place !

De quoi il se mêle, la brêle ! Il me prend la tête. Je m'approche de lui pour lever autre chose que mon pouce quand je me souviens que j'ai donné ma parole à Dieu. Je rejoins la queue des stoppeurs en ronchonnant.

— Tu peux remercier Dieu, la Brêle...

Je n'ai pas encore levé le pouce qu'une 2CV s'arrête. Le conducteur, genre Viking-baba-cool-peace-and-love, me demande :

— Tu vas où ?

Je lève le pouce pour essayer le stop, mais je n'ai pas réellement pensé à la suite du programme. Du coup, je lui demande :

— Et toi, tu vas où ?

— Atézé.

Je le fais répéter. Atézé ? Destination inconnue. Ou alors je ne comprends pas. Je me dis : « Il doit être de la cambrousse, il parle patois comme moi. » Je poursuis :

— Et qu'est-ce que tu vas faire, à Atézé ?

— Du camping.

— Bon, eh bien, je monte.

— Tu n'as pas de sac à dos ?

— Non, rien. Je n'ai rien.

... Rien que mes mains nues dans mes poches crevées. Mon conducteur est un soixante-huitard un peu allumé du ciboulot, gentil et pacifique. Après cinq heures de petites routes, nous pénétrons en pétaradant dans un village de Bourgogne baptisé Taizé. Il lance :

— On y est !

Je comprends que, Atézé, c'est « à Taizé » et pas du patois. Un dinosaure aurait pigé plus vite...

Dans ce village, près de Cluny, en Bourgogne, s'est établie une communauté religieuse œcuménique qui prêche la paix, la réconciliation et la rencontre fraternelle. Des jeunes de tous les pays s'y rassemblent dans une atmosphère très « cool ». L'Arche m'a initié à ce genre de climat. Je sympathise avec tout le monde. Je m'intègre à un groupe d'Italiens et de Belges épatants. Parmi eux, un garçon handicapé, Fredo, âgé de seize ans. Je tombe en amour pour lui. Ses jambes ne le soutiennent plus, alors je le porte dans mes bras, lui et sa chaise roulante, car elle s'embourbe dans ce village de tentes. C'est aussi une façon de m'occuper durant les prières qui paraissent interminables pour un agité de mon espèce. Ça me donne un rôle et une contenance.

La veille de mon départ, début septembre, Fredo me demande :

— Tu viendrais passer Noël chez moi, en Belgique ?

Je fais semblant de réfléchir et je réponds :

— À Noël, tu vois, je suis déjà pris, mais je pourrais venir le 27 décembre.

Noël, pour moi, c'est l'ennemi. Une fête familiale quand tu n'as pas de famille, bonjour l'angoisse. Tu aperçois les cadeaux sous le sapin, et ton hôte, pour t'être agréable, t'explique : « Viens voir le beau sapin, les belles guirlandes. Ça, c'est le cadeau de mon père, ça, le cadeau de ma mère. Regarde ce que mes grands-parents m'ont offert ! Et mon parrain... » Toi, tu ne dis rien. Non seulement tu n'as pas de cadeaux, mais tu n'as pas de père, de mère, de grands-parents... La révolte d'être différent gronde, et aussi l'envie de détruire. Les guirlandes, ça me fout les boules !

Je quitte donc Fredo en lui promettant :

— O.K. pour le 27 décembre. Ciao !

Quatre mois plus tard, à la date prévue, je débarque à Bruxelles. Je retrouve mon ami handicapé. Je passe avec lui trois jours formidables dans sa maison. Il vit lui aussi dans un foyer de l'Arche, fondé dans la capitale belge par un prêtre. Après ces journées d'amitié, je m'apprête à repartir, je ne sais où, quand ce prêtre, le père Roberty, me demande :

— Tu ne voudrais pas rester un peu ici pour m'aider ? J'ai besoin d'hommes.

Comme je réfléchis aussi vite que possible, il ajoute :

— Je crois que tu es l'envoyé de la Sainte Vierge.

J'éclate de rire et dis :

— Je vais vous montrer mon pedigree, et vous me direz si je suis toujours l'envoyé de la Sainte Vierge !

Je lui résume ma carte de visite... D'accord, je suis converti, mais je n'ai pas encore perdu toutes mes habitudes tordues :

— Aujourd'hui, j'ai la pêche, je déclame à Dieu de grandes déclarations d'amour, je prends de bonnes résolutions, je m'emballe... Et demain, j'oublie tout et je retombe !

Le père Roberty, un bel homme, de grande taille, m'écoute avec attention. Ses yeux s'embrument et je me souviens alors de ma juge. Je songe : « Bizarre, un juge et un curé qui font la fontaine en m'écoutant ! » Cela me touche et je me prends d'affection pour ce prêtre. Je réponds :

— O.K., je suis votre homme. Si je peux vous aider...

Je vais vivre un an et demi au service des handicapés au foyer la Branche, en dépannant de temps en temps à la Ruche, un second foyer. Je porte, j'habille, je lave, je nourris, j'emmène aux toilettes, je promène mes nouveaux frères et sœurs de cœur. Je prie aussi avec eux dans ces liturgies spontanées qu'ils affectionnent. Je suis leurs jambes et leurs bras ; eux sont le ferment de ma reconstruction. Dans ma tête, je vis un déménagement de luxe. Un cadeau hors gabarit.

Le matin, au lever, il y a toujours de la musique dans le cœur de chacun. Sauf chez Jean-Paul. Cet alpiniste, vainqueur de l'Himalaya, est devenu paralysé à cause d'une chute idiote dans une grotte, à deux pas de chez lui. Sa femme est morte peu de temps après dans un accident de voiture. Il a tout perdu, même sa mobilité. Il est totalement dépendant de sa chaise roulante. Quand je vais le laver, le matin, il râle. Il rumine sa souffrance. Parfois découragé, déprimé, il se laisse aller.

Un jour, je l'engueule :

— Jean-Paul, arrête ton cirque ! Tu te plains de ne pouvoir rien faire tout seul, même pas d'aller aux chiottes. Il suffirait que tu te muscles un peu les bras, et tu pourrais sortir seul de ton fauteuil et gagner un peu d'intimité.

Ça le secoue. Jean-Paul répond « banco ». Il se muscle les bras et les épaules par des exercices quotidiens. Pour l'entraîner, je m'attache dans un fauteuil, comme lui, et je porte les mêmes poids.

Au bout de trois mois, il se lave, danse le rock sur les deux roues de sa chaise, conduit une voiture et plie son fauteuil seul.

Six mois plus tard, il a des muscles de bûcheron et reprend des études. Aujourd'hui, Jean-Paul est interprète et champion d'haltérophilie.

Il anime des soirées dansantes au foyer, on rigole comme des fous. Je suis sûr que le Bon Dieu nous a réunis pour nous entraider. Je lui ai donné un coup de main, mais les efforts et les rêves de Jean-Paul sont un moteur caché pour moi. Quand j'ai envie de tout laisser tomber, il dit en riant :

— Tim, tu nous encourages à nous battre, et toi, parce qu'une éducatrice te prend la tête, tu veux foutre le camp ? Si tu pars, tu es un salaud. Tu dois assumer. Et puis, je t'aime ! Tu t'en fiches de ça ?

C'est sûr, avec des arguments pareils… Merci, Jean-Paul, pour ta remontée de bretelles. Suivant son conseil, je vais m'expliquer avec l'éducatrice qui me prend la tête. On cause et, pour finir, je la plonge tout habillée dans une baignoire. Rigolade générale et fin du conflit. Un baptême pour un nouveau départ.

Je reste un an et demi en Belgique dans ce foyer de l'Arche. Un temps exceptionnel de construction. Moi, l'insoumis orgueilleux, le champion macho, le nombril du monde, j'apprends à être au service des plus faibles. C'est décapant ! Les handicapés sont mes maîtres. Je leur obéis. Faut pas rêver, mon tempérament a du mal à suivre. Je dois me battre intérieurement pour accepter cette discipline. Cette humilité.

Une nuit, je suis réveillé à plusieurs reprises pour descendre des personnes aux toilettes. À la fin, à bout de nerfs, je craque, épuisé :

— Si quelqu'un me sonne encore, je le jette du haut de l'escalier.

Ça ne rate pas, une voix appelle. Je me lève. Je vais au chevet de la personne, je prends la fille dans mes bras, elle se demande pourquoi je mets autant de temps à la caler. Je m'approche de la rampe et, au moment de la jeter du haut de l'escalier, je sens son bras tout esquinté qui s'accroche autour de mon cou. Je réalise soudain que ces handicapés ont à mon égard des gestes d'affection que mes parents n'ont jamais eus.

Du coup, je l'emmène aux toilettes. Je me recouche

avec un mal de crâne carabiné. La colère, quand on la garde en soi, il faut bien qu'elle s'exprime physiquement : chez moi, elle déborde par la cafetière.

Le lendemain matin, je vaque à mes occupations dans la maison quand je suis attiré par un drôle de bruit, derrière une porte. Une sorte de cliquetis, à intervalles réguliers. Tic... tic... tic... Je pénètre dans la pièce et découvre Frédéric, un jeune garçon frappé d'un handicap très lourd, essayant de taper sur une machine à écrire. Son visage est déformé, sa bouche se tord sur le côté gauche, ses yeux chavirent dans tous les sens. Je l'aime bien, Frédéric. Le matin, il me passe doucement sa main dans mes cheveux pour me dire bonjour. Parfois, ses muscles lâchent, sa main l'abandonne, il tire les cheveux ou, vlan ! colle un coup de boule sans le vouloir. Malgré son handicap qui le prive de toute communication orale, Frédéric a trouvé un moyen d'entrer en contact avec les autres : la machine à écrire.

Je ne l'ai jamais vu taper. Le spectacle est irréel. Ce corps ratatiné sur sa chaise roulante se projette avec une espèce de rage vers la machine. C'est un saut calculé, tout entier concentré vers l'atteinte d'une seule touche, car Frédéric ne peut taper qu'une touche à la fois. D'un seul doigt de sa main droite tordue, il enfonce la touche choisie. Puis tout son corps rebondit en arrière comme s'il se rétractait. Après chaque frappe, après chaque lettre, le fauteuil roulant recule d'un bon mètre et se prépare à un nouvel assaut. Cette lutte est à la fois magnifique et pathétique.

Ma première réaction est de penser : « Il est fou, il ne peut pas laisser cette pauvre machine tranquille ! Il va s'épuiser... Tous ces efforts inutiles pour rien ! » Je m'approche pour la lui retirer. Il grogne, me manifeste de le laisser seul. Je jette un coup d'œil par-dessus son épaule. Surprise : son texte est écrit sans fautes, avec des points, des virgules, tout ce qu'il faut. Du coup, je le laisse à sa machine, je le laisse composer son texte mystérieux.

Pendant deux jours, Frédéric tape. Chaque fois que je passe derrière sa porte, ses tic, tic m'arrachent une douleur, une pensée de compassion. J'imagine les aller et retour du petit corps recroquevillé vers l'engin. Cette volonté irréductible d'expression qui force le respect et l'admiration, cette patience infinie. Je me souviens avec honte de cette machine que j'ai explosée dans mon foyer de transit parce que je ne trouvais pas la troisième lettre de mon nom sur le clavier...

C'est étrange, la souffrance des autres me déchire, me déchiquette, bien que je ne me sois jamais avoué que je puisse moi-même souffrir.

Le soir du 9 août, Frédéric roule son fauteuil vers moi avant le dîner. Je lis dans ses yeux une douce malice. Il s'approche et me tend, autant qu'il le peut, avec ses bras repliés, croisés sur eux-mêmes, une feuille de papier. C'est une lettre de cinq lignes. Voilà ce qu'il tapait si frénétiquement. Cinq lignes écrites en deux jours de frappe harassante, deux jours d'aller et retour avec son fauteuil, deux jours de concentration intense.

Cinq lignes pour me souhaiter un bon anniversaire. Cinq lignes d'amour. Le premier cadeau d'anniversaire de ma vie.

Je saisis ma lettre d'amour et je pars comme un voleur dans ma chambre. Je chausse mes gants de boxe – tout ce qu'il me reste de mon passé – et relis son poème. Il me dit des choses sur moi que personne n'a jamais osé me dire.

Devant ce cadeau, soudain, je me rétracte. Frédéric m'a surpris. Son geste m'a atteint sous ma garde. Je fais le crabe, je me défends contre cette intrusion d'amour non prévue. Je suis même furieux, car j'ai reçu sans rien donner. Je n'aime pas ça. D'habitude c'est moi qui donne. J'arrose, même. J'ai gagné beaucoup d'argent grâce à la boxe et je le flambe en cadeaux. Je savoure de voir les yeux de mes amis pétiller quand je leur tends mes paquets.

Dans ma piaule, j'évacue ma colère en tapant sur un morceau de bois. Elle fait place à un grand vide. Je m'assois au bord du lit et je regarde ces cinq lignes. Pas du beau français de l'Académie, pas de la grande littérature, mais le cœur du cœur. Le fond du cœur. Pas du toc.

Frédéric n'aurait jamais pu faire la une des journaux ou des magazines branchés. On est dérangé en voyant sa bobine. Or Frédéric est un Apollon du cœur. Quelle patience d'amour pour écrire une telle lettre ! Il souffre de l'humiliation de ne pas pouvoir parler. Le seul mot qu'il articule de temps en temps, c'est « pa-ta-te ». Ces trois syllabes lui demandent un effort colossal. « Pa-ta-te », quand il vous regarde dans les yeux, signifie : « Je t'aime. »

Bien des gens pensent qu'il faudrait éliminer les Frédéric. Je rends grâce qu'il ait échappé à la loi limitée des hommes en bonne santé. Du haut de ses seize ans et de sa « vie foutue », comme pensent trop vite certains, Frédéric a compris l'essentiel : l'amour gratuit, l'effort, la générosité. C'est pour moi un exemple de vie. Ce cadeau me met à genoux dans mon cœur. Je regarde cette lettre, ses cinq lignes d'amour. Mon regard s'embrume, ma gorge pique, ma colère laisse place aux larmes. Je chiale comme un gamin. Ma vie vient de basculer.

Le père Thomas ne m'a engueulé qu'une fois : lorsque j'ai refusé un cadeau qu'il m'offrait. Il m'a pris la main en disant :
— Il ne faut jamais dire non à un cadeau, cela peut bloquer la générosité d'autrui. Cela peut l'empêcher de grandir et le décourager. À travers le cadeau, Dieu nous demande l'humilité de recevoir, d'accepter et de laisser grandir chez l'autre la capacité de donner.
L'amour est un boomerang : tu reçois beaucoup plus que tu ne donnes. Savoir recevoir est aussi important que savoir donner.
J'ai beau essayé de fermer le robinet des larmes en me traitant de « femmelette », cela n'a aucun effet sur le débit. Je pleure à grande eau. Au bout de longues minutes, la fontaine se tarit, mes yeux s'éclaircissent. Je me mets à réfléchir. Frédéric a trouvé le moyen de créer du beau avec son existence. Le handicap de son corps n'est pas une excuse pour ne pas devenir l'artisan d'une vie d'amour. Moi, je souffre d'un autre handicap. C'est mon enfance qui est tordue, pas mon corps. Et lorsque je veux oublier mon passé mouvementé, une violence souterraine me saute à la gorge. Mon amie « adrénaline » exige de circuler à nouveau dans mes veines. La rage transforme mes yeux en deux fentes de colère. Je ne vois plus que du rouge et je cogne.
Je veux changer, donner des gestes d'amour, porter un regard d'amour sur les autres. Transformer ma vie en existence d'amour.
Je veux conjuguer du beau et du bien avec ma vie.

MON PREMIER CADEAU D'ANNIVERSAIRE

Mes amis handicapés me montrent la voie. La petite Voie. Leur plus beau cadeau, c'est leur vie.
Je le reçois, prosterné dans mon cœur.

Pour moi, désormais, commence un combat que je ne gagnerai jamais.

Mes amis de la souffrance du monde.

Cinq lignes d'amour viennent de faire basculer ma vie.
Je n'ai pas été aimé ? Eh bien, je vais aimer les autres comme j'aimerais qu'on m'aime. Si j'attends d'avoir reçu pour donner, j'y serai encore à la saint-glinglin. Mes combats futurs seront de vivre ce que l'on m'a empêché de vivre.
Je vais regarder les autres comme j'aimerais que l'on me regarde. Avec amour, patience, miséricorde, et non plus avec ces yeux du bagarreur de survie, aiguisés comme des lames. Je vais apprendre à donner avec mon cœur.
C'est décidé.

Soudain remontent à la surface de ma mémoire, comme des bulles puantes, ces paroles insupportables qui ont empoisonné mon enfance : « Les enfants battus, c'est génétique, ils battront leurs enfants », « Les enfants d'alcoolique, c'est génétique, ils boiront », « Les enfants abandonnés, c'est génétique, ils abandonneront », « Les enfants de parents séparés, c'est génétique, ils se sépareront »...

— Et de toute façon, ma chère amie, les chiens ne font pas des chats ! Pauvres enfants, 75 à 80 % d'entre eux vont reproduire les tares de leurs parents. Ils n'y peuvent rien, c'est génétique !

Ce soir-là, dans ma chambre, seul avec le Bon Dieu, je décide de faire mentir la génétique, de mettre le passé au placard et d'épousseter ma mémoire. De ne plus écouter les sermons des gens qui savent toujours tout et les conneries des semeurs de désespoir.

On peut remettre les compteurs à zéro, il suffit de le vouloir.

Aimer, c'est non seulement dire à l'autre qu'il est beau mais qu'il peut s'en sortir. Dire à celui qui est cabossé : « Tu es magnifique. » C'est lui dire aussi : « N'aie pas peur de toi et de ton passé, n'aie pas peur de tes parents. Tu es libre, tu peux changer, tu peux reconstruire ta vie. » Aimer, c'est croire que chaque personne blessée dans sa mémoire, dans son cœur ou dans son corps, peut changer sa blessure en source de vie. Aimer, c'est espérer pour l'autre et lui inoculer le virus de l'espérance.

L'enfant battu, l'abandonné, le malade de l'alcool, de la drogue, et autres galères, ça n'est pas génétique. Tous ceux-là ont le droit de changer.

Il faut se souvenir du passé, non pour s'enliser, mais pour entretenir sa vigilance : non, je ne céderai pas aux sirènes de la fatalité.

Puisque nous sommes tous uniques, profitons-en. Un simple geste d'amour gratuit peut ébranler une génétique désespérante, bouleverser des chromosomes qu'on prétend être programmés.

Le cadeau de Frédéric est une injection d'espérance. Ce jour-là, grâce à lui, je décide que je me marierai un jour. Et que j'aurai des enfants. Oui, me marier pour la vie, et non vivre en location avec une porte de sortie et la perspective de me tirer au premier bigne, à la première déception. Je m'engage à ne pas abandonner mes enfants. Je leur donnerai ce que je n'ai pas reçu.

Mes rêves, je les ai choisis géants. Je suis un frimeur et j'ose péter plus haut que mon c... Autant viser haut quand on vient de très bas.

Ce soir du 9 août, dans ma petite piaule, je suis heureux dans ma tête et dans mon cœur comme si le Bon Dieu y avait installé le printemps. Quel anniversaire !

Le lendemain, je plane de bonheur. Shooté à l'amour, ivre de vivre. Animé du désir de tout accomplir et de tout accomplir bien.

On ne change pas comme ça, d'un coup d'interrupteur dans la tête. Les vieilles habitudes s'accrochent, fidèles au poste, comme des sentinelles rebelles qui refusent de laisser pénétrer les bonnes résolutions dans la forteresse, malgré les ordres du prince.

La vie ensemble exige qu'on soit sans cesse à l'écoute de la météo du cœur de l'autre. Je suis souvent sourd et maladroit. Sans le vouloir, je blesse mes proches. Comment éviter ce gâchis ? Un jour, je monte un dressoir en suivant les conseils techniques du constructeur. Je regarde le meuble, une fois assemblé, fier de moi, et je réalise subitement : « Comme je suis bête ! Un homme, c'est comme un meuble : il a un mode d'emploi, différent selon les modèles. Pour vivre en harmonie avec quelqu'un, il faut oser lui demander son mode d'emploi et oser lui donner le sien. »

Très fier de ma trouvaille, je l'essaie pendant quinze jours. Je vais voir tous ceux que je fréquente et je leur dis : « Si je t'aime mal, dis-le-moi pour que je change. Si je t'aime comme il faut, dis-le-moi aussi pour que je continue. Pas dans six mois, dis-le-moi tout de suite pour que je ne perde pas de temps ! »

L'amour, c'est comme La Redoute. Il faut essayer. Aime les autres comme tu aimerais qu'on t'aime. Regarde-les comme tu aimerais qu'on te regarde. Donne comme tu aimerais qu'on te donne. Essaie quinze jours. Si tu n'es pas content, renvoie à l'expéditeur...

Essayer l'amour, c'est l'adopter. Durant les mois qui suivent ce fameux anniversaire, ma vie change du tout au tout. Je me lie avec des amis de tous bords, de tous milieux, de race et de culture différentes, refusant toute étiquette, recherchant leurs différences. Ces personnes s'offrent à moi comme un pays étranger à découvrir ; moins comme un obstacle à franchir que comme un mystère à explorer. Je deviens un globe-trotter de la différence. Un homme libre dans ma façon d'aimer, qui n'est plus prisonnier de son petit village, de ses relations trop proches. Un voyageur de l'univers. Mes amis ressemblent à la forêt que j'aime, pleine d'essences différentes. Les arbres tordus laissent mieux passer la lumière que les troncs impeccablement alignés.

De l'air, du bleu ! Émerveillé par le cœur d'un homme, je veux connaître le sol et la culture, le pays qui l'a façonné. Un ami me donne envie d'aller chez lui.

Je pars. Je ne sais pas exactement ce que je vais

chercher. Je sillonne l'Europe grâce au camion-stop. Je charge et je décharge, je surveille le poids lourd pendant que le chauffeur se repose. Je roule, débarquant lorsque l'envie m'en prend. Belgique, Pays-Bas, Suède, Norvège, Danemark, Italie, l'ex-Yougoslavie...

J'aime traverser les frontières. Comme si ce passage me libérait symboliquement de toutes les limites imposées dans mon enfance.

J'aime sourire à des inconnus, et ne disposer que du regard et de gestes simples pour se dire les choses. J'apprends que je ne sais rien, mais que chacun est un trésor, grâce à ces garçons et à ces filles qui partagent une parcelle d'eux-mêmes. En Grèce, en Turquie, au Liban, en Israël, aux États-Unis, au Canada...

Au cours de mes pérégrinations, sac au dos, la découverte de pays, de personnes, de coutumes différentes me fortifie dans ma foi en l'homme. Je suis bouleversé par l'accueil des pauvres qui m'ouvrent leur porte et partagent leur ordinaire. Dans le fond, une seule question m'importe quand j'aborde un de ces frères en humanité, et je la lui pose en mettant ma main sur sa poitrine : « Comment va ton cœur ? »

Je constate comme une évidence qu'il n'y a pas de souffrance plus grande que celle que chacun vit. La souffrance n'a pas de milieu social. Les pauvres, on les reconnaît. Ils portent sur leurs épaules le manteau de la misère. Tu leur tends la main par charité et ton geste peut devenir amour.

Il y a aussi des personnes très « comme il faut » qu'on croise en leur demandant : « Ça va bien ? » et qui répondent « ça va ». Elles ne peuvent dire autre chose, prisonnières d'elles-mêmes et du carcan social. Elles ne peuvent dire la souffrance qui les étouffe et les brise. Et nous passons, sans croiser leur regard-feux de détresse, ni écouter le silence de leur cri, sans même nous apercevoir que la météo de leur cœur est à « tempête ».

Tous ces amis du monde sont pour moi des lampes allumées. Je réalise, grâce à eux, que Dieu ne regarde pas chez l'être humain les deux centièmes de seconde de badaboum où il s'effondre. Dieu regarde le temps où il se redresse. Ces heures, ces jours, ces mois, ces années où l'homme et la femme travaillent, invisiblement, à devenir meilleurs. Vies cachées comme des trésors.

L'homme, trop souvent, ne s'arrête qu'à la chute lorsqu'il regarde autrui.

Il ne faut jamais juger.

Quatre mois après mon anniversaire, je suis invité chez les parents d'une amie pour le réveillon de Noël. La table est splendide, avec des assiettes en porcelaine et des verres en cristal. La maman de Cathy me sert une soupe épaisse puis en propose à son mari. Ils se vouvoient, cela me paraît loufoque et je les étiquette de « zinzin », ces deux-là. Les plats défilent, délicieux, au milieu des rires et des gentillesses, et hop, j'attrape au vol un instant de rien du tout, un centième bouleversant, un simple échange de regard entre ce monsieur et cette dame. Ils ont beau se vouvoyer, ils s'aiment tendrement, un tel regard ne peut tromper. Je comprends ce soir-là qu'il vaut mieux se vouvoyer en s'aimant que se tutoyer en s'ignorant. Certains « vous » rapprochent alors qu'il y a des « tu » qui tuent.

Après la messe de minuit, Monsieur me dit :

— Allons prendre le chocolat au salon, venez voir le sapin.

Le sapin, l'horreur ! Je suis coincé, pris au piège. Je ne peux refuser. Maudit sapin ! J'y vais avec des pieds de plomb, la mort dans l'âme. Je râle en moi-même – « Tu n'aurais jamais dû accepter cette invitation, tu sais que les réveillons de Noël ne réussissent pas aux enfants sans famille ! » – quand la mère de Cathy me dit :

— Tim, j'ai quelque chose pour vous.

Ai-je bien entendu ? Oui, elle me tend un paquet enrobé d'un papier rouge et d'un ruban doré. J'ouvre en prenant mon temps, en respectant l'emballage. Je me souviens de l'hôpital, du papier cadeau qui m'a appris à marcher et à dessiner. À l'intérieur, trois bougies – une verte, une jaune, une rouge – et un savon dans une belle boîte gravée « Armateur ». Je demeure le souffle coupé, la gorge nouée. Cette attention n'a pas de prix pour moi. Le Bon Dieu a de l'humour : je me moquais gentiment de leur différence et eux me gâtent alors que je ne m'y attends pas. Quel imprévu !

Je dors chez eux avec mon cadeau de Noël dans les bras, comme l'enfant que j'aurais aimé être.

Les aventurières de Dieu.

Je débarque un matin à Rome, à la gare de Termini. Toujours à la recherche de rencontres insolites. J'aperçois, sur le bord du trottoir, une vieille dame, minuscule, vêtue d'une étrange robe blanche. Elle n'ose pas plonger dans l'arène et semble apeurée par le rodéo de la circulation. Je m'approche.
— Je peux vous aider ?
Elle me regarde avec des yeux vifs, très clairs au milieu de sa face toute ridée, et sourit. Elle accepte, en anglais. Nous traversons. Elle reste accrochée à mon bras. De l'autre côté de la rue, elle sonne à la porte d'un immeuble. Trois hommes ouvrent ensemble. Leurs visages s'illuminent.
— Oooh, Mother ! s'écrient-ils.
La petite dame qui me donne le bras semble les hypnotiser. Un Indien, la peau très mate, me lance :
— Oh, comme vous avez de la chance d'être avec Mère...
La vieille dame l'interrompt par une tape amicale sur son bras. Elle me demande avec son bon sourire de l'accompagner chez des amis. Je n'ai rien de prévu,

je vis à fond l'instant présent. Allons-y. Elle me plaît, cette petite dame haute comme un champignon, ridée comme un cep de vigne, qui commande aux hommes. Je la suis.

Toutes les personnes que nous visitons l'après-midi me disent :

— Oh, comme vous avez de la chance d'être avec Mère Teresa !

Moi, je hausse les épaules, je m'en fiche, je ne sais pas qui est Mère Teresa. Je sais seulement que cette femme est profondément bonne dans son cœur, je le sens. Je suis loin de me douter qu'elle est la mère des pauvres et probablement une sainte. Ma culture sur les bonnes sœurs est plutôt limitée. Je bafouille en anglais, et nous rigolons bien ensemble dans les bus romains.

Nous nous arrêtons à la basilique Sainte-Marie Majeure. Je salue là des amis clochards, Francisco, de Bergame, et Mario, le Napolitain. Je les présente à « Ma » comme on surnomme Mère Teresa. Mario déguste un panier-repas donné par les Petits Frères de la Charité (j'ignore que c'est elle qui a fondé cet ordre). Il nous dit, en épluchant très sérieusement son orange et en désignant l'escalier immense de la basilique :

— Installez-vous, il reste de la place.

On éclate de rire et on s'installe sur les marches. Grand seigneur, Mario partage avec nous son orange. C'est un grand copain de cœur. Il vit dans la rue depuis des années. Quand nous ne sommes pas d'accord, il se met à palabrer en patois napolitain et moi en ch'timi, le patois du Nord. Ces incompréhensibles querelles finissent toujours par une rigolade et un digestif de rue, un bon coup de pinard.

On abandonne Francisco et Mario pour continuer

une série de visites un peu saoulantes. Des riches donateurs qu'elle va remercier. Ça ne rate pas, les gens m'observent avec envie et lâchent tous le même refrain :

— Oh, comme vous avez de la chance d'être avec Mère Teresa !

Ma petite mère Teresa, je la trouve bien fatiguée. Nous marchons en silence, elle s'accroche à mon bras. Elle se voûte de plus en plus au fil des heures. Mais dès qu'on s'adresse à elle – ça n'arrête pas, les gens défilent –, je sens son corps se redresser et sa main se raffermir. Quelle énergie dans cette femme ! Je me dis : « Ils ne peuvent pas la laisser tranquille ? Elle est vieille, elle a l'âge de se reposer, lâchez-lui donc les baskets ! » Elle ne dit rien et affronte ces multiples visites avec une bonhomie souriante.

Nous quittons le quartier de Termini et nous nous rendons en métro jusqu'à Trefontane. Du silence, enfin. Nous gravissons un chemin de terre qui longe un monastère d'hommes. Au bout de la côte, nous débouchons devant un paysage splendide et surprenant : des bungalows de type vietnamien, parsemés au milieu d'une végétation abondante. Cet Éden est baigné d'une brise légère. La moiteur et la rumeur de Rome sont loin.

Des religieuses nous entourent et saluent « Ma » avec respect. Celle-ci me présente à une belle femme, vêtue d'une robe en jean, avec un voile sur les cheveux. Elle se nomme mère Madeleine. Elle me déshabille le cœur de son regard-sonar et me prend la main pour me guider. C'est la première personne de la journée qui ne me dit pas que j'ai de la chance d'être avec Mère Teresa. Sa délicatesse emménage dans mon cœur. Nous dégustons une tisane. Les deux femmes s'écartent pour se parler. Je m'éloigne.

Au moment de nous quitter, mère Madeleine m'offre un cadeau et me dit : « Reviens me voir quand tu passes à Rome, promis ? » Je hoche la tête, car les mots sont en panne au fond de moi. Je suis très intimidé par cette aventurière de Dieu. J'ouvre le paquet : c'est un Petit Jésus en argile.

Mère Teresa m'embrasse. Elle part en voiture avec des sœurs. Moi, je reprends ma liberté.

C'est deux ans plus tard seulement que je réaliserai la chance de cette rencontre. À Trosly, un soir, nous regardons à la télévision un reportage sur les Petites Sœurs de Charles de Foucauld. Les religieuses de cette jeune congrégation féminine choisissent de vivre enfouies au cœur de la misère, dans les bidonvilles et les banlieues. Présence aimante du Christ au milieu des plus pauvres des pauvres Le journaliste s'entretient avec une belle religieuse, pleine de caractère, la fondatrice de cet ordre magnifique. Je m'écrie :

— Mais je la connais ! C'est Madeleine, mon amie Madeleine !

Personne ne me croit, bien sûr, excepté le père Thomas.

— Je vous jure, c'est la femme de Rome dont je vous ai parlé !

— Tant que tu y es, dis-nous aussi que tu connais Mère Teresa ! rigolent les autres assistants.

— Ben, euh, justement, si ! C'est Mère Teresa qui m'a présenté à Mère Madeleine...

J'arrête, ils vont croire que j'enfile les bobards. Et pourtant...

Le macho que je suis demeure impressionné par ces deux femmes de caractère qui ont sacrément galéré avant de trouver leur voie. Ces pionnières ont bravé les événements contraires et la lourdeur des institutions pour rester fidèles à leur appel intérieur.

Mère Madeleine est devenue précieuse dans ma vie. Je lui rends visite de temps en temps à Rome ; elle devient ma mère spirituelle. Elle rayonne d'une présence tendre et paisible. Elle ressemble au père Thomas, en féminin. Je la quitte à chaque fois meilleur. Mère Madeleine parle de Jésus si simplement, si amoureusement, avec un amour si brûlant qu'elle ferait fondre la banquise d'un cœur hostile.

Elle me considère comme un de ses fils et me gâte au moment du départ, fourrant dans mon sac des gâteaux, des sandwiches, et toujours un livre spirituel pour nourrir mon intérieur en péril.

Son regard de femme a changé mon regard sur la femme. Un regard de beauté, de bonté, de respect et de tendresse gratuite, celle qui n'attend pas de retour. Ma pauvreté spirituelle n'est pas un obstacle pour elle. Au contraire.

« Seul le vide peut être rempli ; ne sois jamais plein de toi-même », me dit-elle, un poing sur la hanche gauche.

Ce qui me bouleverse aussi chez ces femmes, comme chez le père Thomas, c'est leur chasteté. Ces êtres sont purs, ils ne jouent pas la comédie. Et leur pureté ne juge pas ma boue. Elle m'impressionne, moi qui suis un grand consommateur de lolettes. Dans les bals, les filles me tombent dans les bras. Elles jouent souvent à sainte-nitouche, mais ne sont pas mécontentes quand on leur joue une autre sérénade que la petite musique de nuit... Je les emmène écouter le brame des cerfs en forêt et cela ressemble parfois au chant du cygne.

Un de mes copains aussi m'impressionne beaucoup, Joël, ingénieur métreur, que j'ai connu en stage. Ce type est fiancé avec une fille depuis cinq ans. Un jour que je le charrie sur le sexe, il me répond avec gravité :

— Je n'ai jamais touché Annie. Nous ne ferons l'amour que lorsque nous serons mariés. C'est la plus belle preuve d'amour que je peux lui donner.

J'ai failli tomber à la renverse. La pureté et la droiture de ce type m'ont percuté !

Moi, j'essaie de maîtriser ma bête, sans grand succès...

Un jour, je quitte le père Thomas, gonflé de bonnes résolutions. Ma moto est en panne, je fais du stop pour rentrer à Compiègne. Une femme s'arrête, me prend. Elle est médecin, nous bavardons. Une demi-heure plus tard, je suis dans son lit, mes résolutions sous l'oreiller. Je n'y peux rien, moi ! Je pleure toutes les larmes de mon corps, rongé de regrets, je demande pardon à Jésus et promets de ne plus jamais recommencer. Trois heures plus tard, des résolutions toutes neuves à la boutonnière, je bois une bière à la terrasse d'un café quand une fille m'aborde. Nous discutons, elle me parle avec son cœur. Je me retrouve encore dans son lit. C'est une malédiction et une maladie. Il me faut une piqûre puissante contre le désespoir.

Je retourne illico presto chez mon père Thomas. Personne. Sur la porte, ce mot : « Je suis parti en voyage. » Je pénètre dans la chapelle de vieilles pierres, à côté de sa chambre. Je m'assois dans son vieux fauteuil de cuir défoncé. Je regarde le saint sacrement posé sur l'autel, puis l'icône de la Sainte

Vierge. Je commence à leur parler, à leur dire très simplement que j'en ai marre des roustoutouilles en flammes et des lolettes en série. Je pleure en causant, je cause en pleurant, sans colère, avec une immense détresse. Je parle puis je la boucle, toujours assis sur le siège du père, face à Dieu et à sa Mère. La nuit passe, le matin, l'après-midi... Un immense vide de silence.

À la fin de la journée, juste avant la messe du père, qui vient de rentrer, je lance à la Vierge Marie sur un coup de tête :

— Je m'engage à une année d'abstinence. De l'amour mais pas de sexe durant un an, je te le promets !

Qu'est-ce qui m'a pris ? Mon record de diète est de trois jours !

Durant la messe du père, je me retrouve à côté d'une superbe fille, une nouvelle assistante à l'Arche. J'enguirlande la Sainte Vierge :

— Mon vœu démarre très fort, merci !

Je baisse les yeux, je me barricade et je prends la tangente à la fin de la célébration.

— Puis-je te parler ?

La fille m'a couru après. Je lui dis :

— Non, non, je dois mettre la table, et puis je n'ai pas le temps, et puis...

Elle me désarme complètement, je la sens toute pure.

— Bon, d'accord, on peut se voir après le repas, je vais observer les chevreuils à la nuit tombante.

Je me maudis intérieurement : « Tu te fourres dans la gueule du loup, tu es fou ! N'oublie pas ta parole ! »

Ce soir-là, nous nous promenons sous les étoiles, sans nous toucher. Nous recommençons le lendemain. Puis le surlendemain. Je bats mon record de diète ! Victoire ! Durant cette année d'abstinence, je vais découvrir la beauté de l'amitié sans arrière-pensée et la joie de pouvoir offrir à des filles le plus beau cadeau qu'un homme puisse donner à une femme : le respect.

Insatiable de découvertes et de rencontres, je m'envole pour le Canada, à la recherche de mes racines. Je prends congé de l'Arche pour une année sabbatique qui se prolongera de six mois. Après de longues pérégrinations sur les traces de mes aïeux et de profonds bouleversements, je me retrouve à la trappe d'Oka, à soixante kilomètres de Montréal. Je décide d'y vivre une longue retraite.

J'y goûte la délicatesse de Dieu à travers les attentions du père Lucien, un cistercien avec un sourire de pergola, fleuri et lumineux. Je fais avec lui de longues marches silencieuses. Au bout de trois mois, il me dit, lors d'une balade :

— Tu pourrais être cistercien, ou dominicain ?

Il sait l'affection que j'éprouve pour le père Thomas Philippe. Je le regarde :

— Père, demain midi, je vous dirai la réponse. La Sainte Vierge va me la donner.

Pourquoi lui ai-je dit ça ? Ce n'est pas mon genre.

Le lendemain, une jeune et jolie jeune femme prénommée Sonia vient me voir :

— J'ai une grande maison et j'y accueille des personnes handicapées. J'ai entendu dire que vous aviez de l'expérience dans ce domaine, que vous aviez passé plusieurs mois à l'Arche de Jean Vanier. Voulez-vous venir m'aider ?

Je rejoins le père Lucien, comme promis, et je lui dis :

— Voilà, père, la Sainte Vierge m'a répondu. Je ne serai ni cistercien ni dominicain. Je vais vivre avec les handicapés.

Il me regarde avec son doux sourire, m'accompagne à la voiture et me bénit. Alors que nous nous éloignons d'Oka, je l'aperçois, sur le chemin, nous adressant des deux mains de grands signes d'au revoir. Ce père est lui aussi dans mon cœur pour la vie. Incroyable gâterie du Ciel.

Durant un an, je vis avec Sonia et cinq handicapés à Sainte-Marthe, près de Oka, sur le lac, dans une grande communion avec la nature et avec mes frères blessés. Mais une nuit, soudain, je sens que je dois rentrer en France. Le lendemain, je décolle de Montréal pour Bruxelles. Huit heures après, j'atterris en Belgique. Je récupère mon sac à dos et je lève le pouce. Deux voitures plus tard, je roule en direction de la Ferme de Trosly-Breuil. Quelle joie de retrouver mon bon père Thomas et toute ma bande du Bon Dieu : Janine, Régine, tante Agnès, Simone, Guy, Jean-Bernard, Dominique et les autres. Ma famille de cœur.

C'est la fête. Dans cette euphorie, je ressens pourtant une absence. Quelqu'un me manque. Je sais qui. À la fin du déjeuner, je m'esquive en m'excusant :

— Je file voir ma copine.

Janine m'arrête, un peu gênée :

— Tim, ton amie est à l'hôpital. Elle ne veut voir personne, elle se laisse mourir...

Mon sang ne fait qu'un tour, je sors, je retrouve ma moto au garage. Elle démarre sans râler. Je fonce vers l'hôpital de Compiègne.

— Vous ne pouvez pas la voir, monsieur, elle est en service de réanimation...

— Justement, madame, elle a besoin de moi pour se réanimer !

Je pousse gentiment l'infirmière et je trouve la chambre de mon amie. La vieille dame est allongée, pâle comme un cadavre, les yeux clos, percée de tuyaux dans tous les sens. À sa vue, mes forces se dérobent, la tristesse me fauche. Je m'approche et lui murmure à l'oreille :

— Votre Canadien est de retour.

Je l'embrasse délicatement sur sa joue plissée. Elle ouvre les yeux et me sourit comme si j'étais un revenant.

— Vous êtes une coquine, j'ai traversé l'océan pour vous voir et je vous retrouve à l'hôpital. Vous allez sortir de là et guérir, n'est-ce pas ?

Je ne supporte pas les hôpitaux. Trop de mauvais souvenirs, j'ai assez donné. Du coup, je suis maladroit, les mots m'échappent. Mon amie me caresse le bras. Dans un filet de voix, elle me murmure qu'elle m'aime, mais qu'elle veut rejoindre son mari. C'est trop pour moi, d'entendre cette confidence, son désir de partir pour le Grand Voyage. Je l'aime et je n'ai pas envie de la partager avec le Ciel, ni d'attendre la vie éternelle pour la retrouver. Je l'embrasse à nouveau et je sors en courant, fuyant ce monde blanc angoissant.

J'enrage ! J'engueule Dieu. Je suis en train de lui remonter les bretelles quand une voiture me heurte. J'attrape le conducteur par la fenêtre, je le secoue comme un prunier. Il n'y peut rien, le pauvre, je marchais au milieu de la rue ! Je pète les plombs de douleur.

Dur, le retour. On a cambriolé mes affaires dans le grenier de la Ferme. Tout m'a été volé, ma vaisselle, mes gants de boxe et surtout les photos de mon père.

Maintenant que je suis presque en paix avec lui dans mon cœur, je ne peux plus le regarder...

Deuxième tuile : mon entraîneur est parti avec mes économies. Il a vidé mon compte en banque.

Je n'ai plus rien.

Durant un mois, chaque jour, je me rends au chevet de ma vieille amie de Trosly. Chaque jour, je la sens partir un peu plus. Chaque jour, elle me dit son amour, mais je ne peux la retenir.

Elle meurt en me tenant la main. Je pleure en silence ce soir-là, devant le corps éteint de mon amie, la vieille dame de Trosly. Ma seule consolation est de savoir qu'elle ne souffrira plus et qu'elle a retrouvé, dans la grande maison du Bon Dieu, l'homme qu'elle aimait tant. Cette pensée qui m'irritait m'apaise désormais.

Dans la rue, mon cœur balance, va et vient. Je demande à Dieu de l'accueillir en grande pompe. En même temps, au fond de moi, je le houspille de l'avoir reprise.

Cette femme habitait Trosly depuis longtemps. On m'avait prévenu en arrivant :

— Attention, elle n'est pas commode, elle n'aime pas les handicapés.

Un jour, en effet, on longe son jardin lors d'une balade avec des garçons handicapés du foyer. Émerveillement général devant ce jardin de fleurs à faire pâlir les revues spécialisées. Les oiseaux s'y plaisent et se nichent par dizaines sous les ramures, dans un concert de gazouillis et de roucoulements.

On s'arrête et on commente la splendeur. Elle est en train de retourner une plate-bande à la bêche lorsqu'elle nous aperçoit. Oh là là ! Voilà qu'elle lance une litanie d'injures qui ferait honte au capitaine Haddock. Je la regarde droit dans les yeux. Elle fait de même. Puis continue de retourner sa terre.

Nous achevons notre balade. Je raccompagne les garçons au foyer, je ramasse une bêche et je reviens chez elle. Je pénètre dans son jardin et commence à creuser à l'autre extrémité du parterre jusqu'à ce qu'elle m'aperçoive.

— Qu'est-ce que vous faites là ? demande-t-elle. Je ne vous ai pas autorisé à entrer !

— Je viens vous aider, j'aime travailler la terre.

En moins de deux, je lui retourne ses plates-bandes. Elle veut me payer, je refuse.

— Pourquoi m'avez-vous aidée ?

— Ça me plaisait... Et puis, tout à l'heure, vous m'avez grondé comme l'orage. Moi, j'ai voulu vous apporter l'arc-en-ciel. Maintenant que la terre est retournée, on peut rêver de légumes et de fleurs !

Elle sourit et m'invite à prendre un thé.

C'est ainsi que nous nous sommes apprivoisés. Je suis souvent revenu prendre le thé avec elle. Son cœur s'est ouvert petit à petit. Elle s'appelait madame Herman. Veuve depuis une quinzaine d'années, elle vivait seule et solitaire. Au village, certains l'avaient surnommée « la Boche ». Ce surnom odieux l'avait horriblement blessée. Pour cette raison, elle piquait au premier abord. Son cœur ressemblait en fait à son jardin de fleurs.

Mon départ pour le Canada l'avait affligée. Elle m'avait écrit de longues lettres maternelles et délicates. Nous partagions l'amour du beau et certains écorchements d'âme.

Peu avant qu'elle ne meure, je lui avais demandé, dans sa chambre d'hôpital :

— Quand vous verrez Dieu, parlez-lui de moi.

Soyez mon avocate. J'ai une sacrée ardoise à éponger. Je veux changer. Dites au Seigneur qu'Il m'aide à devenir un homme juste et aimant, et à trouver une femme bien.

Ma messagère s'est envolée.
Elle a tenu parole au-delà de tous mes espoirs.

Vingt-deux ans.
La fille de la maison du bonheur.

La bougeotte me reprend après la mort de madame Herman. Je pars pour Rome visiter mère Madeleine puis une Canadienne anglaise à Florence. De là, je grimpe en Autriche, à Salzbourg, voir une amie allemande, une musicienne connue à Trosly. Elle partage son appartement et sa vie avec quatre autres musiciennes. Je tombe en amour de cet orchestre féminin et je vais vivre cinq mois en leur compagnie, dans la grande maison qu'elles louent à Salzbourg. Mes muses viennent de cinq pays différents, ont chacune un caractère différent et jouent d'un instrument différent. Le globe-trotter de la différence est comblé !
Elles m'initient à la musique classique et me font découvrir un monde d'harmonies inconnu de moi. Ces ambassadrices de la beauté, fines, cultivées, me nourrissent de culture et d'affection. Je vis un accord parfait à leur côté lorsqu'un après-midi, sans savoir pourquoi, j'éprouve le besoin de retourner à Paris. J'annonce brusquement mon départ à mes

cinq amies qui m'accompagnent tristement, le soir même, à la gare de Salzbourg.

Le lendemain, à cinq heures du matin, j'aperçois Dame Girafe et son long cou. Je vais prendre le petit déjeuner chez Christelle, une amie, dans le 15ᵉ arrondissement.

— Une certaine Martine te cherche, me dit-elle, pour une histoire d'appartement à arranger. Voici son numéro de téléphone.

Martine est une amie de l'Arche, une fille simple malgré ses origines de bonne famille. Je l'appelle.

— Allô, petit frère, où es-tu ? À Paris ?

— Depuis cinq heures ce matin. Tu as besoin de moi ?

— Oui, je refais mon appartement, près du Trocadéro. J'ai besoin d'un coup de main.

— O.K., j'arrive, je suis ton homme.

Une heure plus tard, me voilà rue Vineuse. Immeuble très chic. Je grimpe, je sonne, Martine ouvre, me regarde et m'embrasse. Je retrouve intacte, après ces mois d'absence, cette grande femme brune et directe.

— Bonjour, petit frère, merci d'être venu si vite.

Elle m'explique ses projets. On se met au travail. Toute la journée, je peins, je scie, je ponce, je cloue, je monte des placards. Le soir, j'en ai plein le dos, je m'assois un instant pour souffler et voilà que Martine me déclare son amour. Heureusement, je suis déjà sur le cul, je ne tomberai pas plus bas. La surprise est totale.

Martine, je la connais depuis trois ans. Voilà un an et demi que je prie pour qu'elle rencontre un mec bien qui soit l'homme de sa vie. Je n'ai jamais osé imaginer, fût-ce un centième de nanoseconde, que ce type puisse être moi. Je tombe amoureux d'à peu près toutes les filles qui passent, pas d'elle. Elle est d'un milieu très BCBG, à l'aise avec tout le monde, très à l'écoute. Des gens viennent lui raconter leur vie, lui demander conseil.

Le haut de gamme, à tous les points de vue. Inaccessible pour un gars de mon genre. Un abîme nous sépare.

— Non, Martine, c'est pas possible, nous deux. On n'est pas du même bord. Tu es une bourgeoise, moi, un enfant de la rue. Ce n'est pas un quartier qu'il y a entre nous, c'est un précipice.

Elle se défend, argumente, provoque :

— Ce sont les différences qui t'effraient ? Et tu te dis le globe-trotter de la différence ? Laisse-moi rire...

Malgré ses arguments, et surtout son amour, je résiste. Je la quitte en me disant : « Tombe pas amoureux, Tim, te fais pas piéger. »

Seulement, il faut bien terminer le chantier... Tous les jours je revois Martine. Tous les jours je tombe davantage en amour. « Non, Tim, résiste, mon vieux, te laisse pas emporter par le courant... » Je ne peux plus commander mes sentiments, je suis le pilote ivre d'un avion fou.

Que veux-tu, elle me fascine. Pétillante, gaie, artiste... Je trouve sa voix très belle. Lorsqu'elle commence à chanter en s'accompagnant de la guitare, je suis envoûté. Le rouleau de peinture avance tout seul. Je pose quatre couches sans m'en rendre compte. Pour les beaux yeux de Martine et par la grâce de sa voix, je serais capable de repeindre la tour Eiffel !

À la cinquième couche, Martine arrête la musique et moi la peinture... Elle me propose d'aller fêter la fin des travaux dans une maison de famille, dans le Bordelais.

Quelques heures plus tard, elle me présente son père, grand seigneur style british, avec une tendance bûcheron poète très sympathique. Sa mère, digne et délicate, genre reine mère, avec un port de tête distingué et des cheveux immaculés soigneusement coiffés, m'en impose. Il y a aussi son grand frère Antoine, sosie du roi Juan Carlos, Évelyne, sa sœur aînée, assistante sociale – cela me rappelle des souvenirs... –, et son dernier frère, plus âgé que Martine, qui m'impressionne par son allure de jeune battant distingué. Nous avons du mal à nous apprivoiser. Nos planètes n'appartiennent pas à la même galaxie.

Nous passons à table. Je les observe attentivement durant le dîner. Rires, affection, gentillesses. Je n'y crois pas. Je m'emmêle dans les couverts.

Café au salon. Même cinéma. J'explose en moi-même : « C'est du chiqué, mon pote. Ils te la jouent fraternel pour t'en mettre plein la vue ! » Une famille entière qui a l'air de s'aimer, cela ne rentre pas dans mes cases. Si leur affection est véritable, il est odieux que j'aie pu manquer ça. S'ils jouent la comédie, le spectacle est pitoyable, hypocrite et méchant. De toute façon, il m'est insupportable. Je quitte le salon et vais respirer dehors.

Je marche dans le jardin. L'air frais me calme, le manteau de la nuit m'apaise. Je réfléchis. Pourquoi me joueraient-ils la comédie ? Qu'ont-ils à gagner dans cette mascarade ?

Je dois l'avouer, je suis conquis par la délicatesse du père de Martine. Sa culture et son raffinement me rappellent Monsieur Léon. Un homme mondain, au noble sens du terme, qui sait écouter son hôte, le mettre en valeur, communiquer un savoir sans écraser son interlocuteur, mener un échange en sollicitant la voix de chacun, pour réaliser l'accord de la partition. Cet homme sage m'émerveille. Son intelligence est accordée avec son cœur. Il émane de lui une profonde et fascinante harmonie intérieure.

La maman de Martine, plus réservée, exige, comme les pierres précieuses, qu'on se penche vers elle pour en détailler toutes les facettes cachées.

Allez, rentre, Tim. Arrête de faire la gueule. Observe les différences, toi qui aimes jouer à ce jeu-là. Je reviens dans le salon. Je sens Martine soulagée de me voir détendu et souriant. Je décide de poser sur ces êtres un regard de bienveillance.

Après ce week-end à la campagne, le retour n'est pas gai. Pas facile de s'expliquer dans les pétarades de la Coccinelle de Martine. Elle me dit que nous sommes très différents, que c'est un problème délicat... Je rétorque que c'est la première chose que je lui ai objectée après sa déclaration. Elle m'a répondu alors que ça n'avait pas d'importance ! Faudrait savoir !
Furieux, j'engueule le Bon Dieu au passage : qu'est-ce qu'Il veut, dans le fond ?

Pendant dix jours, il y a de l'eau dans le gaz.
J'accumule les gaffes. L'amour me rend bête et maladroit. Le téléphone n'arrange rien. Les quiproquos se multiplient.
Un matin, je me lève et dis à Dieu :
— Je suis pas du genre à me suicider par amour ni à souffrir bêtement. Actuellement, ça craint, je vais pas l'supporter longtemps.

Le week-end suivant, nous allons en pèlerinage à Chartres prier la Vierge du Bel Amour. Je dévalise le fleuriste de la gare Montparnasse et vais déposer une gerbe géante non aux pieds de mon amoureuse mais à ceux de la Vierge noire. Je prie avec des fleurs et dis à la Vierge :

— Si tu ne fais pas un miracle, demain je dis au revoir à Martine et je repars chez moi, au Canada.

Le lendemain, en fin de journée, mon billet d'avion en poche, je frappe à la porte de Martine. Elle m'accueille. Tout d'un coup, une certitude s'impose à nous avec force et mystère. Dieu nous veut ensemble. C'est aussi simple et limpide que ça. Oui, Dieu nous veut ensemble. Martine est libérée de toutes questions, et nous décidons de nous fiancer. Elle me propose soudain :

— Filons au Sacré-Cœur de Montmartre, à la dernière messe de 22 heures !

J'ai ma réponse. Pendant qu'elle finit de se pomponner, je cherche la communication avec mon Père Céleste pour le remercier et lui présenter mes excuses. Nous sautons dans un taxi. Je suis fier comme Artaban, avec une fiancée si magnifique à mon côté. Mes yeux sont humides. Un amour inespéré à mon bras, je sillonne ces rues que j'ai si souvent arpentées, à pied, désespéré. Que Paris est beau en cette nuit de mai 78 !

Fiançailles on ne peut plus intimes à la basilique du Sacré-Cœur. Martine, moi-même et nos deux témoins, Dieu et la Vierge Marie.

Nos différences nous poussent au secret Comment avouer notre passion à la famille de Martine et à nos amis ? Ils vont croire à un gag.

Pendant trois mois, presque chaque dimanche, nous enchaînons les pèlerinages parisiens. Nous prions pour que le cœur des parents de Martine soit préparé à l'accueil de cette bombe ! Nous démarrons nos pèlerinages place du Trocadéro, face à Dame Girafe, en égrenant le chapelet, direction la chapelle de la Médaille miraculeuse, rue du Bac, puis Notre-Dame de Paris, avant de remonter sur le Sacré-Cœur de Montmartre où nous assistons à la messe en fin de journée, avant de fêter l'amour devant un bon couscous à Pigalle.

Après ces trois mois de fiançailles secrètes, nous décidons d'annoncer notre mariage seulement six semaines avant la date fixée, afin de ne pas leur laisser le temps de philosopher sur nos différences de pedigree. Nous avons rendez-vous avec mes beaux-parents dans leur maison d'Arcachon. Ils ne se doutent pas de la bonne nouvelle dont nous voulons leur faire part.

Martine me montre une grande maison blanche, près de la jetée. Celle de sa grand-mère et de ses vacances d'enfant.

Ma gorge se noue. Une vague d'émotion me submerge, un souvenir intense et précis me cloue sur place. Je me revois sur cette jetée, avec mon corps frêle, encore fragile sur mes jambes rafistolées, ma boule à zéro, en train de rêver devant la maison blanche, pendant que le vent joue avec les cornettes des religieuses, les agitant comme des ailes de cormoran.

La grande maison blanche que me montre Martine, près de la jetée, c'est la maison du bonheur de mon enfance. Je la reconnais. Je revois la médaille miraculeuse que m'a offerte l'une des gentilles religieuses de la maison de rééducation. Je me souviens de mon vœu d'enfant : « Plus tard, quand je serai un homme, je me marierai avec une fille d'ici. »

La fille de la maison du bonheur, je lui tiens la main, quinze ans plus tard. Elle jouait sur cette terrasse alors que je rêvais sur la jetée. Dans son cœur, elle me l'avoue, elle plaignait ces orphelins qui n'avaient pas de famille.

Après le dîner, paisible, Martine explique à ses parents que nous nous aimons et que nous allons nous marier.
Grand silence.
Mon futur beau-père, gentilhomme plein d'élégance, imbibé de prière, s'exclame :
— Aaaaah, la bonne nouvelle !
Lui qui a plusieurs fois répété à ses enfants que « le mariage est une chose suffisamment difficile pour ne pas la compliquer par des différences de milieux » accueille son futur gendre avec une ouverture de cœur et d'esprit hors du commun.
La maman de Martine est sous le choc, estomaquée. Heureusement, elle est assise. Elle ne peut cacher son émotion et lâche ces mots pleins de foi :
— C'est étonnant... Vraiment... C'est quelque chose qu'on comprendra en le vivant.
Nous touchons du doigt l'efficacité de la prière.

Vingt-trois ans.
Le mariage de l'enfant prodigue.

Ça commence bien. Le matin du mariage civil, j'arrive en retard à la mairie. Pour me faire beau prince, j'ai lavé et tressé mes cheveux longs, astiqué mes bottes de cosaque jusqu'à ce que je puisse voir passer les nuages dans ces rétroviseurs. J'en ai oublié l'heure... Je cavale comme un dératé.

J'arrive en nage, les cheveux mouillés, à la mairie du 16e. L'aboyeur demande à tout le monde qui est le marié, sauf à moi. Au bout d'un moment, je lui tape sur l'épaule et je lui dis, avec mon sourire de Pâques :

— C'est moi, le marié !

Il me fixe avec des yeux de merlan frit, je lui envoie mes pleins phares. Il redevient civilisé et m'annonce avec solennité. Tout le monde est sur son trente et un. Martine est éblouissante.

Je dis le oui de l'engagement devant la société avec d'autant plus de gravité que je ne devrais pas être vivant à l'heure qu'il est.

Deux semaines plus tôt, je déboule à moto place de La Motte Picquet quand une Coccinelle grille le feu rouge rue du Commerce. En une fraction de seconde, je sais que je ne peux pas éviter le choc. Je pense : « Je suis fichu, je suis mort. » Un geste m'échappe, instinctif : j'accélère. La moto bondit, percute. Je décolle, je vole au-dessus de la voiture, je roule à terre de l'autre côté. Badaboum ! Ma jambe a triplé de volume et mon arcade sourcilière saigne. Je ne suis pas mort. Je suis même bien vivant et très soulagé de voir que mon entrée au paradis est repoussée. Je n'ai plus aucune envie de mourir...

Mon amie Catherine nous a ouvert son cœur et la porte de son bel appartement, avenue de Breteuil, pour le déjeuner de fête avec nos témoins. Quelques années plus tôt, je dormais dans un garage à vélos voisin...

Mes bottes de cosaque impressionnent beaucoup Marc, le témoin de Martine. Il lorgne sur mes rétroviseurs du ras-de-bitume, m'inspecte avec curiosité et lâche, avec une pointe d'envie, d'un ton très seizième, comme s'il me questionnait sur la recette d'un cocktail :

— Toi, comment tu fais pour rester si... nature ?

Il est vrai que nous n'avons pas les mêmes fournisseurs et qu'il se chausse exclusivement chez Weston. Tout en me parlant, Marc tourne sa main, tripote son poignet, attirant mon attention sur sa montre. Je l'interroge, il n'attend que cela :

— Eh bien, qu'est-ce qu'elle a, ta montre, elle te chatouille ?

— Ça, ça n'est pas une montre, mon vieux !

— Ben, ça ressemble pourtant furieusement à une montre ! Alors, qu'est-ce que c'est ?

Marc est ravi, il se pavane et lâche après avoir ménagé le suspense :

— Hum... C'est une... hum... Une Rolex !

— Oui... Et qu'est-ce que ça a de plus qu'une montre, une Rolex ?

— Tu es complètement ignare, mon vieux ! La Rolex, c'est la Rolls de la montre ! Un bijou suisse, avec un mécanisme monté à la main, inusable, garanti à vie et qui coûte dix mille balles...

— Eh bien, ta Rolex inusable et garantie à vie, je parie que je l'arrête rien qu'en la portant sur moi.

— Tu ne sais pas ce que tu dis, mon vieux, une Rolex ne peut pas s'arrêter !

— Aucune montre ne fonctionne sur moi !

— Oui, mais une Rolex, c'est une Rolex. Ça ne s'arrête pas ! Je relève le pari...

J'attache sa montre à mon poignet. Tic-tac, tic-tac. Cinq minutes s'écoulent. Je commence à douter de ce magnétisme qui flingue une à une toutes les montres que je peux essayer de porter. Tic-tac. La Rolex demeure imperturbable, et Marc triomphe. Tic-tac, tic-tac. Il commence à crier victoire quand l'aiguille des secondes se met à ralentir... Il pâlit.

— Non, c'est pas vrai... Ma Rolex...

Une minute plus tard, la Rolex est arrêtée. Marc est livide. Il me regarde, moi, le Grand-Manitou-qui-arrête-les-Rolex.

— T'inquiète pas, elle est garantie à vie !

Marc est mon antithèse. Nous allons devenir amis – merci, Rolex – et mettre nos montres à la même heure. Plus je l'apprivoiserai, plus je pénétrerai le monde de la souffrance de ce qu'on appelle les « bonnes familles ». Que de blessures cachées sous les signes extérieurs de richesse ! Parents divorcés, vingt ans d'analyse, sécurité d'un compte en banque et le cœur irrémédiablement triste... Je découvre grâce à Marc que la pauvreté n'est pas uniquement matérielle, et que l'on souffre de façon plus intense et moins visible des misères affectives et spirituelles.

Le lendemain du mariage civil, nous nous marions devant Dieu, à l'église de Trosly, au milieu de nos amis de l'Arche. Leur cœur est comme un dimanche. La fête est magnifique. Tout le monde me félicite :
— Tu en as de la chance d'avoir une femme pareille !
D'accord. J'aimerais aussi entendre que ma femme a du bol d'avoir un mari comme moi !

L'Évangile de la messe de mariage a été spécialement écrit pour moi. Cette page, rédigée par saint Luc il y a deux mille ans, me paraît toute neuve. C'est l'histoire d'un fils qui s'engueule avec son paternel, qui se barre de chez lui et qui revient vers son père des années plus tard...

« ... Il partit donc et il s'en retourna vers son père. Comme il était encore loin, son père l'aperçut et, tout ému de compassion, il courut se jeter à son cou et le couvrit de baisers. Le fils lui dit :
— Père, j'ai péché contre le ciel et contre toi. Je ne suis plus digne d'être appelé ton fils.
Mais le père dit à ses serviteurs :
— Vite, apportez la plus belle robe, et l'en revêtez... Faisons un festin et réjouissons-nous, car mon fils que voici était mort et il est revenu à la vie. il était perdu et il est retrouvé... »

La Parole de Dieu est vivante. Elle me donne des idées...

— Philippe, acceptez-vous de prendre Martine pour épouse ?

Nous y voilà. Le moment fatidique. Un oui, c'est trois lettres, une seule syllabe à prononcer, une demi-seconde qui engage toute la vie.
Oui, c'est oui pour la vie.

— Oui.

À cet instant, par ce oui, c'est décidé, je jure de faire mentir la génétique, avec l'aide de l'Esprit Saint et de notre amour.

Puis, nous aussi, nous festoyons !

Mariés, Martine et moi continuons d'explorer, après l'avoir sondé durant nos fiançailles, le précipice de nos différences. Je suis du genre rabot ; Martine, papier de verre. Nous nous aimons et, inévitablement, nous nous faisons souffrir. Martine vit cœur ouvert et portes ouvertes. Elle accueille tout le monde à tout vent alors que j'ai un besoin maladif d'intimité. Elle me cuisine gentiment des gâteaux – c'est ma période gourmande –, et je lui déclare en guise de remerciements :

— J'ai davantage besoin de tendresse que de su-sucres.

Expéditif, rugueux, je la blesse souvent avec mes phrases-coups de lame et mes colères-tempêtes.

Être différent exige de s'adapter à l'autre, de connaître son mode d'emploi, de se laisser connaître, de faire sans cesse des concessions. L'apprivoisement exige beaucoup de temps, de patience, de douceur.

Je souffre particulièrement quand la famille de Martine se rassemble. Je me sens exclu de sa complicité. Nous n'avons aucune référence commune. Bien sûr, je comprends qu'elle ait du mal à intégrer un hurluberlu sans famille, avec des bottes de cosaque et des cheveux qui lui tombent au milieu du dos, mais je n'accepte pas de ne pas me sentir adopté. Être en famille m'est insupportable. Je ne me sens pas un fils, même si mon beau-père m'a dit le jour de l'annonce de notre amour : « Vous êtes comme mon fils ! »

Le plus dur, c'est d'être toujours « comme », et de ne pas être, tout court. Personne n'y peut rien.

Les réunions familiales m'écorchent. Des peurs me paralysent : peurs d'être inintéressant, pas comme les autres, de paraître illettré... Je redeviens un ours mal léché. Mes réactions sont exacerbées.

— Toi, tu n'as jamais d'effort à faire, dis-je à Martine. Tu n'as jamais été dans ta belle-famille. Et pour cause !

À Paris, j'étouffe, je tourne en rond comme un lion en cage. Me manquent mes amis les arbres et quelques bêtes à apprivoiser. On nous propose plusieurs exploitations à reprendre, dans les Landes ou en Bretagne. Qu'en pense mon Pote le Bon Dieu ? Où nous veut-Il ? Le lendemain du jour où je Lui pose cette question, Marie-Hélène Mathieu, responsable de l'Office chrétien des Handicapés qui emploie Martine, demande à ma femme :

— Accepterais-tu de t'occuper de notre antenne de Lourdes ? La responsable doit arrêter pour raisons de santé.

Voici la réponse de mon Pote.

C'est décidé, nous partons pour Lourdes.

Peu avant de déménager, ma femme me conduit dans un foyer de charité, à Châteauneuf-de-Galaure, dans la Drôme, pour y suivre une retraite. Grosse concession. J'y vais par amour de ma femme, car je ne m'imagine pas assis pendant six jours à écouter un curé. Même si le prédicateur n'est autre que le frère du père Thomas Philippe. Il s'appelle Marie-Dominique – drôle de nom pour un homme – et porte la même robe blanche des dominicains – est-ce une maladie de famille ? Il n'est pas plus grand que son frère. Ses yeux brillent derrière des lunettes épaisses comme des loupes. Tout le monde le surnomme Marie-Do. Sujet de la retraite : l'Apocalypse, le dernier livre de la Bible. Ce nom évoque plutôt pour moi la Calypso, une boîte de nuit.

Quand Marie-Do attaque la retraite, le silence s'établit. Il va régner durant six jours. Ses conférences sont palpitantes. Captivé, j'écris tout sur un cahier d'écolier.

Un bain de lumière. Six jours sans rien dire. Les gens s'observent gentiment les uns les autres. Des affinités naissent sans échanger un mot, inexplicables.

Au milieu de la semaine, il est proposé aux retraitants qui le désirent de rendre visite à Marthe Robin. C'est une paysanne du coin, une femme toute simple qui vit dans son corps la Passion du Christ, assure-t-on, et qui rayonne de bonté et de vérité. Dur à croire pour un grand pécheur limité dans son intellect. Elle vit cloîtrée dans une chambre de sa ferme natale, volets clos, car ses yeux blessés ne supportent plus la lumière. On vient du monde entier lui confier des intentions de prière et recevoir ses conseils.

Les gens patientent pour la voir, et la liste des candidats est déjà bien remplie. Martine souhaite s'inscrire ; moi, macho et orgueilleux, je soutiens : « Pas besoin de ça ! »

Durant un déjeuner, une demoiselle donne au

micro les noms des sept premières personnes appelées à voir Marthe Robin l'après-midi même. Stupeur, nous sommes les premiers nommés. Je regarde Martine et ne peux m'empêcher de m'exclamer :

— Mais on ne s'est pas inscrits !...

Deux cents retraitants nous fixent du regard. Le rouge pivoine me monte aux joues.

Je n'ai pas le choix, je suis ma femme. Nous montons jusqu'à la ferme des Robin, sur le plateau. La cuisine, rustique avec son poêle à bois, est transformée en salle d'attente. Les gens parlent à voix basse. Une jeune fille nous fait entrer, Martine et moi, dans une chambre noire. Cela paraît très mystérieux. Nous nous asseyons près d'un lit, deviné dans l'obscurité. J'imagine que cette sainte femme va lire aussitôt dans mon âme et me chasser par un vibrant « Dehors, Satan ! ». Non, une voix claire, étonnamment jeune, sort de l'ombre et nous souhaite la bienvenue. Nous confions à cette femme invisible que nous sommes jeunes mariés et très, très différents. Elle rit !

Elle rit et dit :

— Ce sont des fantaisies pour le Bon Dieu. Votre amour doit reposer sur la Foi, l'Espérance et la Charité.

Martine lui annonce que nous attendons un enfant. Elle se réjouit, s'émerveille. Elle parle des enfants comme si elle en avait élevés toute sa vie.

Je lui parle de mes peurs d'être père, vu mes antécédents peu encourageants, et de ma terreur de reproduire les blessures reçues. Elle écoute puis répond :

— Vos enfants grandiront à la mesure de votre amour.

Cette phrase s'inscrit en moi en lettres de feu.

Alors que nous lui expliquons notre projet de déménager à Lourdes et de trouver une maison, elle nous arrête :

— Une maison pour accueillir ceux que la Sainte Vierge vous enverra !

Avec Martine, on se regarde. Depuis nos fiançailles, nous rêvons d'une maison que nous pourrions partager. Marthe, sans nous connaître, nous le confirme et nous rassure :

— La Sainte Vierge vous montrera.

À la fin de notre entrevue, malgré l'obscurité, nous distinguons maintenant ce petit corps recroquevillé sous ses draps, dont la voix est d'une douceur d'ange, et les paroles lumière.

On se retrouve dans la cour de la ferme, aveuglés, éblouis, ahuris par ce qu'on vient de vivre. Ce moment tout simple et si important dans notre existence est une pierre de fondation. Nous voici pleins d'espérance, remontés à bloc. Marthe Robin tiendra désormais une place capitale dans notre vie.

À la fin de la retraite, un prêtre accompagnateur me demande de donner mon témoignage. Je ne veux pas, je renâcle. Finalement, j'obéis.

Par la suite, je vais me taire. Ce silence durera onze années. Jusqu'à la mort de mon père.

Vingt-quatre ans.
À Lourdes, dans les mains de Marie.

Lourdes...
Gamin, ce mot alimentait mes rêves. Un nom magique, comme Canaries ou Seychelles. Il évoquait pour moi les montagnes immenses, l'eau des torrents, l'air pur, les forêts sauvages, la liberté...
Le maire de notre village avait, un jour d'enfance, offert à tous les « ch'tios » une pièce de cinq francs. J'avais parié cette fortune, en une seule fois, à la tombola de la fête municipale. Le premier prix était un voyage à Lourdes. J'étais certain de décrocher ce gros lot – mon désir était trop puissant pour ne pas être exaucé... La déception avait été à la hauteur de l'illusion. J'avais tout perdu d'un coup. Ma pièce d'argent et mon rêve. C'est le garçon le plus riche de la commune qui avait gagné le voyage à Lourdes...

Je me souviens de cette histoire ce soir de notre emménagement. Les phares de ma camionnette ont saisi dans leur faisceau la pancarte « Lourdes » sur la petite route qui serpente derrière la prairie du sanctuaire. Il est deux heures et demie du matin, et des myriades de bougies brûlent encore de l'autre côté du Gave dans la nuit, devant cette grotte où Marie est apparue à la bergère Bernadette. Dieu a de la mémoire. Il ne m'offre pas seulement un voyage mais une vie à Lourdes. Mon Pote exauce toujours plus.

Nous habitons un appartement rue de la Grotte, avec vue sur le château. Je me sens à l'étroit entre ces quatre murs. Je cherche une ruine à retaper dans la campagne proche. Chaque soir, je dis à Martine :
— Viens voir, je crois que j'ai trouvé.
Chaque soir, elle me suit docilement. Nous visitons. Et laissons tomber. Fausse piste.
Nous sommes d'autant plus pressés que nous partageons désormais notre logis avec Roger, un garçon d'origine sénégalaise. Il a fêté Noël avec nous cet hiver. Deux mois plus tard, un juge et une assistante sociale nous ont contactés en nous annonçant que Roger avait failli mourir d'une overdose et qu'il leur avait déclaré à l'hôpital :
— Il n'y a qu'un endroit où je peux m'en sortir, c'est chez mon frère Tim, à Lourdes.
L'assistante sociale nous a demandé si nous étions prêts à l'accueillir...
— On le prend ! Envoyez-le-nous !
Je suis tombé sur un os, bien fait pour moi. Je n'ai pas demandé son avis à Martine. Elle me le donne aussitôt :
— On a un bébé et seulement deux petites chambres ! Tu ne crois pas qu'on est assez à l'étroit comme ça ?
— Églantine dormira dans notre chambre ! Où est le problème ? Martine, si nous n'accueillons pas Roger, je ne vais plus à l'église. Le Bon Dieu me dira

un jour : « J'ai voulu venir chez toi et tu ne m'as pas accueilli... »

Martine, la reine de la porte ouverte, a accepté. Elle a dit oui dans la foi. Je lui tire mon chapeau.

Vivre Dieu n'est pas toujours facile. Vivre avec Tim Guénard non plus.

Roger a donc débarqué. Un son et lumière ambulant. Il est accro à l'héroïne et mesure deux mètres. Il trimballe son immense carcasse avec un radiocassette hurlant sur l'épaule. Les crises de manque succèdent aux crises d'excitation qui succèdent aux crises de dépression. La cohabitation est chaotique.

Le père de Roger était sénégalais, sa mère normande. Ils sont morts dans un accident de voiture avec sa petite sœur. Resté seul, Roger a lui aussi connu la blessure de l'abandon et la marginalité. Pour sa famille paternelle, il n'était pas assez noir ; pour sa famille maternelle, il n'était pas assez blanc. Joséphine Baker, la grande chanteuse, l'a adopté. Lorsqu'elle est morte, le cœur de Roger s'est à nouveau déchiré. Édith Piaf, sa marraine, a essayé de le pistonner comme groom dans de grands palaces parisiens, mais il vidait les bouteilles de champagne dans les couloirs au lieu de servir les clients. Puis Roger le Noir a rencontré la « blanche », l'héroïne, et la descente aux enfers...

Martine et moi, nous prions intensément la Sainte Vierge de nous trouver un logis vaste et aéré. Il y a urgence. On commence à péter les plombs.

Un agent immobilier nous mène un jour à quelques kilomètres de Lourdes, par des chemins de terre, devant une grande bâtisse, à flanc de colline. Le coup de foudre est immédiat. C'est une ancienne ferme transformée en lieu de colonie de vacances, dénommée le Chalet Notre-Dame. Mon Pote nous fait là un magnifique clin d'œil. « La Sainte Vierge vous montrera », nous avait dit Marthe Robin...

Nous concluons l'affaire et baptisons aussitôt notre future maison la Ferme Notre-Dame. En souvenir de la Ferme du père Thomas Philippe, de la ferme de Marthe Robin et de la « signature » de la Vierge Marie.

Il y a du boulot. Ça ne m'effraie pas. On travaille durant la journée à la Ferme, au grand air, sur notre colline. Roger, lui, nous envoie plein pot dans les oreilles les chansons d'amour de Julio Iglesias. « Qué amore... » Ça me gonfle à la fin, mais moins que son chantage :

— Si je ne me came pas durant une semaine, qu'est-ce que tu me donneras ?

— Rien, Roger, rien. C'est pour toi que tu arrêtes de te droguer, pas pour moi.

— Ouais, je le savais bien, Tim, tu ne m'aimes pas, je vais me suicider.

Au début de son séjour, je n'en menais pas large. Le matin, au réveil, je me précipitais et j'allais vérifier s'il était encore vivant. Puis je me suis habitué et je l'ai laissé chanter.

Un jour, j'ignore pourquoi, Roger n'emporte pas sa radiocassette à la Ferme. Pas de chansons d'amour, pas de Julio Iglesias ? L'aubaine, les vacances, le silence. Enfin ! Je suis en train de repeindre la façade de la maison quand il arrive, monte à l'échelle et m'embrasse :

— Tim, mon frère, je t'aime. Je suis bien, ici. Tu as vu comme c'est beau, le silence, les oiseaux... Eh, Tim, tu voudrais pas du café ?

— Oui, volontiers. Tu sais, Roger, moi aussi

j'aime ça, le silence, et je suis content que tu l'apprécies...

J'en tombe presque à la renverse, je n'en reviens pas ! Ce changement soudain me remplit de mercis. Bon, je continue de peindre, le cœur léger, dans l'action de grâce. Une demi-heure passe. Je trouve qu'il met du temps à préparer son café. Roger arrive enfin. Il marche sur des œufs, en titubant. Sa peau noire a viré au jaune. Je me frotte les yeux, croyant que l'enduit blanc perturbe ma vision. Il bafouille :

— Tiens, mon frè... frère, le ca... le café est pr... prêt !

— Merci, Roger. Dis, ça va ? Tu as l'air bizarre !

— Ça v... ça va... Oouuaiais...

Il repart et s'étale de tout son long dans la boue, complètement bourré. Il s'est shooté avec un cocktail de médicaments et d'alcool. Son corps immense, déglingué par la came, fait mal à voir. Je le remets debout et je lui lance :

— Roger, on va rentrer à l'appartement immédiatement. Tu ne bouges pas, je vais chercher la voiture !

Je marche en direction de la camionnette lorsque j'entends une pétarade. Profitant que j'ai le dos tourné, Roger a réussi à démarrer sa Mobylette et il prend le chemin de la descente en accélérant. Aïe, aïe, aïe ! Il va aborder le premier virage à toute allure... Merde ! Il continue tout droit, il tombe dans le vide. C'est le tremplin de l'envol, le saut de la mort ! Je me maudis de l'avoir laissé seul un instant. Je cours jusqu'au précipice, m'attendant à trouver un cadavre au fond du ravin. Non. Roger a été stoppé dans sa chute par un buisson. La Mobylette est en équilibre sur lui. Je ne sais pas comment tient cet assemblage ! On se croirait dans une aventure de Tintin. Je remonte la Mob en m'accrochant à des arbustes. Puis je vais le chercher. Il rigole comme un foutraque, moi, pas du tout. J'en ai plein le dos.

Roger est à peine remis sur pied qu'il enfourche à nouveau sa bécane et se barre en riant de plus belle, sans ma bénédiction bien sûr. Je me fais posséder pour la deuxième fois, je suis furieux. Je ne peux que le suivre, pestant, récitant des « Je vous salue Marie » allongés de paroles improvisées :

— Protège-le, Marie, ce fêlé. Garde Roger en vie. Fais que l'heure de sa mort ne soit pas tout de suite.

Arrivé sain et sauf à l'entrée de Lourdes, après cinq kilomètres de zigzags qui ont heureusement correspondu à peu près avec les virages de la route, Roger fonce sur le panneau « Lourdes » comme s'il voulait franchir une ligne d'arrivée imaginaire. La Mobylette passe sous le panneau et va s'abîmer dans le fossé ; Roger, lui, reste accroché à la pancarte. J'explose :

— Monte dans la voiture, j'en ai marre !

Il crie :

— Ma Mobylette, ma Mobylette, je veux pas laisser ma Mobylette !

— La ferme, Roger ! Tu la retrouveras demain, ta Mob !

Je l'assois dans la camionnette et nous rentrons ensemble.

Arrivés rue de la Grotte, il monte à l'appartement et va droit à la salle de bains. Il y reste deux heures.

— Qu'est-ce qu'il a, Roger, demande Martine, il a fait des siennes ?

Je lui raconte les péripéties de l'après-midi. Ça ne tombe pas bien, nous recevons une invitée ce soir-là. À table, Roger regarde notre amie, comme un zombi, les yeux fixes, et lui demande sans arrêt son prénom.

— Comment tu t'appelles ? Comment tu t'appelles ? Dis, comment tu t'appelles ?

Il nous met les nerfs en pelote. Il retourne à la salle de bains, mais ne dessaoule guère. Il branche Julio Iglesias.

Alors que Martine et notre amie couchent Églantine, j'éclate. Je cours à la salle de bains, je décroche le miroir, je reviens au salon et je lui plante la glace devant le visage :

— Regarde-toi !

— Non, non, je veux pas, laisse-moi tranquille.

Je lui colle le miroir devant les yeux :

— Regarde-toi, merde, regarde-toi en face !

— Non, non, t'as pas le droit de m'obliger, je veux pas me voir...

Je n'en peux plus, de ce mec. Je craque. Je file dans la salle de bains, mon miroir à la main. Là, assis sur le bord de la baignoire, je chiale comme un gosse. Il m'a vidé. Non seulement il me pompe, mais il ne peut pas me laisser une seconde tranquille ! Il pousse la porte. Je pense que je vais l'étriper, ce type, que je suis le roi des cons d'avoir voulu accueillir ce genre de zozo, qu'on ne m'y reprendra plus, cela dépasse mes forces. Je me lève pour lui flanquer mon poing dans la gueule quand il me prend dans ses bras et me dit d'une voix pâteuse :

— Tim, tu es le seul qui m'aime, et moi je t'aime.

Silence.

J'ai l'impression d'entendre un message qui ne m'est pas destiné. Pendant des mois, Roger m'a rabâché le chantage au suicide avec des « Tu ne m'aimes pas », « Qu'est-ce que tu m'offres si je ne me drogue plus », « De toute façon, tu te fiches de moi ! », etc. Maintenant, il me console avec des déclarations d'amour et des baisers mouillés.

Soudain il ajoute :

— Viens, mon frère, on va la voir !

Il se lève et sort en trombe avec le feu au derrière.
Je sais très bien quelle femme Roger veut aller voir. C'est sa dernière chance. Il est tombé en amour de la Vierge Couronnée du sanctuaire de Lourdes depuis que je l'ai amené à ses pieds, complètement découragé, le soir même de son arrivée. J'en avais déjà plein les bottes. Il avait accumulé les conneries pendant toute la journée. J'étais au bord de la crise.

De 9 heures du soir à une heure du matin, nous avions enchaîné des aller-retour, à pied, entre la grande statue de la Vierge et l'appartement, rue de la Grotte. Une sorte de succession de mini-pèlerinages ponctués de crises. Et moi, je ne cessais de lancer au Ciel mes S.O.S. silencieux et désespérés :

— Marie, je n'en peux plus, ce mec me bouffe, me pompe, m'aspire, me vide... C'est ton enfant. Je ne vais jamais tenir le coup, Martine avait raison. Il faut toujours écouter sa femme ! Marie, tu es mon dernier recours. Ne me laisse pas tomber, ne laisse pas tomber Roger !

Incroyable mais vrai, à une heure du matin, Roger s'était agenouillé devant la statue. Il était converti.

Depuis cette mémorable nuit, il y retournait souvent seul. Il s'agenouillait devant sa statue chérie, levait ses bras de géant vers le ciel et lançait, au milieu de la foule, sans aucun respect humain :

— Je t'aime, Marie, je vais t'emporter avec moi ! Oh, je t'aime !

Il revenait de ce nettoyage marial, lavé, purifié, apaisé. La prière semblait être pour lui la meilleure thérapeutique durant ses crises de manque.

Le lendemain de cette équipée sauvage, ce 11 février, nous fêtons Notre-Dame de Lourdes. Nous retournons ensemble au sanctuaire avec Martine et notre petite Églantine de quelques mois. Il y a du monde pour la grande procession. Roger nous précède et fend la foule en criant :

— Venez, mon frère et ma sœur, venez, suivez-moi. !

Le service d'ordre des brancardiers cerne la grotte où l'évêque est en train de se recueillir. Nullement intimidé, Roger lance avec son accent africain :

— Je veux voir l'évêque tout de suite, sinon je vais faire un scandale.

Les brancardiers essaient en vain de le faire taire.

— Je veux voir l'évêque, moi. J'ai dit : tout de suite. C'est très important...

Intrigué par le tapage, l'évêque s'approche, sans peur. Roger lui prend la main. Sans un mot, le géant embrasse l'anneau épiscopal avec dévotion, comme si c'était une relique.

Il revient à la maison, bouleversé par cette rencontre. Que s'est-il passé en lui ? Il ne sera plus jamais le même. Je crois que Roger a vécu ce jour-là une guérison intérieure de nombreuses blessures, grâce à la Vierge Couronnée et à ce geste de l'évêque qui est venu vers lui.

Roger est resté avec nous un an et demi, puis il est parti pour Montélimar Il nous téléphonait de temps en temps d'un bistrot :

— Salut, mon frère. Elle va bien, la Maman ? On lui met des fleurs ? Et l'évêque, il va bien ? Tu leur dis que je les aime.

Son cœur n'en pouvait plus de souffrance. La came avait rongé son corps. Roger est mort peu après. Il a rejoint sa Mère du Ciel qui l'a prise dans ses bras et l'a emporté dans le cœur brûlant de Dieu.

Roger, mon frère, fut notre premier « envoyé ».

Aujourd'hui, je suis un homme heureux. Ce n'est pas ce que je pensais hier. Je rends grâce pour ce passé. Il m'a offert ce présent, un imprévu de douceur.

Martine et moi, nous avons quatre enfants. De l'eau a coulé dans le lit caillouteux du Gave. J'ai raccroché mes gants de boxe pour cultiver le miel. C'est plus pacifique.

Mon ring, c'est mon cœur. En chacun de nous se déroule à chaque instant le combat de l'amour.

J'ai rencontré des milliers de jeunes, dans les écoles, les prisons, les stades…

Je leur raconte ma parabole préférée, celle que m'a enseignée la vie : la prière du fumier.

Pour faire pousser de belles fleurs dans un jardin, il faut du fumier. C'est notre passé. Dieu s'en sert pour nous faire grandir.

Quand le crottin sort du cul du cheval, il est trop chaud, trop acide, trop lourd. Il pue, il dégoûte. Si tu le répands aussitôt sur les fleurs et sur les semences, il les brûle et les écrase.

Le fumier, il faut le laisser reposer, sécher, se décomposer lentement. Avec le temps, il devient malléable, inodore, léger, fécond.

Alors il donne les plus belles fleurs et les plus belles pousses.

Dieu se sert de notre passé comme du fumier pour nos vies. Pour nous faire grandir.

Mais si tu gardes la tête dans ton passé tout chaud, il t'étouffe.

Il faut le laisser reposer.

En nous se décompose insensiblement ce qui est mal sous l'action du temps et de la grâce.

Il nous faut aimer ce dont nous avions honte et qui nous paraissait ignoble. Ce fumier deviendra source de fécondité.

Notre passé, notre souffrance, nos galères, nos cris, c'est le chant en langue des pauvres.

On ne peut être aujourd'hui sans avoir été hier.

Qui que tu sois, quelles que soient tes blessures et ton passé douloureux, n'oublie jamais, dans ta mémoire meurtrie, que t'attend une éternité d'amour.

Soixante-dix-sept fois sept fois.

J'ai failli tuer mon père. Sans le faire exprès.

C'était au début de ma rencontre avec Dieu.
Le père Thomas Philippe commençait à m'administrer ses perfusions de pardon, et je me sentais tout chose. Je n'avais pas quitté toutes mes habitudes belliqueuses.
Un samedi soir, nous écumons avec ma bande les bals de campagne lorsque nous décidons de finir la soirée dans une boîte de nuit de la région. Je reconnais, dès la porte franchie et mes yeux habitués à la pénombre, deux de mes demi-frères dans un coin du bar. Le souvenir n'étant pas folichon, je préfère me tirer. Au moment où je décanille, un de mes copains provoque, sans le vouloir, une bagarre. La castagne dégénère très vite. Elle devient générale, opposant les miens au reste de la salle. Ça cogne dans tous les coins.
Dans l'obscurité, je ne sais plus très bien sur qui je tape. Mes coups portent, mon adversaire recule. La bande rivale se taille en voiture. En les voyant partir,

j'éprouve un malaise indéfinissable. Je ne dors pas bien ce soir-là.

Le lendemain, je comprends. C'est mon père que j'ai tabassé. Il ne s'est pas défendu. Ce père que je rêvais de tuer, que je n'ai pas revu depuis des années, je viens de lui casser la gueule. Je me sens mal.

Il y a encore quelques mois, j'aurais exulté. Cette heure de la vengeance, tellement désirée, je la refuse désormais.

Le désir de lui pardonner vient un peu plus tard, grâce au cadeau de Frédéric. Ses cinq lignes dactylographiées m'ont ouvert le cœur. Grâce à elles, je veux recommencer ma vie à zéro. Une vie bâtie sur l'amour, non sur la haine.

Grâce au cadeau de Frédéric et aux quelques mots dits par une petite fille. Sylvie est une fillette de six ans. Je la rencontre alors qu'elle doit être placée à la DDASS. Son père, gravement malade de l'alcool, la bat. Mais elle ne veut pas le quitter, elle espère en lui, elle espère pour lui. Elle me dit un jour :

— Je veux rester avec mon papa. Il est gentil quand il a pas bu.

Ses mots me touchent. Deux ans plus tard, cet homme devient abstinent. L'espérance de sa fille l'a sauvé.

Grâce à Sylvie et à Frédéric, je cherche du positif chez mon père. J'en trouve. Je réalise que c'est grâce à lui que je suis devenu champion de boxe. Je lui dois en partie le bonheur que je goûte aujourd'hui.

Je croise un jour, en ville, une ravissante jeune fille accompagnée d'un garçon. Je reconnais, avec un mouvement de recul, ma demi-sœur et son frère. Je

décide d'aborder cette fille qui n'a jamais été méchante avec moi lorsque nous étions enfants. Je me plante devant elle et je lui demande tout à trac :
— Sais-tu qui je suis ?

Elle réfléchit un instant et se tourne subitement vers son frère :
— Je le reconnais, c'est le fils de papa.

Je suis ému par la façon profondément affectueuse dont elle dit papa. Si elle parle de cet homme avec autant d'amour, il ne peut être mauvais. Il doit même être un excellent père avec ses seconds enfants.

J'apprends incidemment qu'il lui arrivait de laver mes couches à la main quand j'étais petit. Mon père me battait, mais il lavait mes couches !

Je suis donc retourné chez mon père. Comme dans la parabole de l'Évangile. Il habitait un pavillon, dans la banlieue nord de Paris. J'ai sonné à la porte. Il a ouvert. Je l'ai reconnu, malgré le temps. Sa haute silhouette ne se voûtait pas encore. Il m'a regardé en silence, sans surprise. Il n'a pas dit de phrases du genre « Tiens, te voilà enfin, après tant d'années » ou « Fous le camp, je n'ai jamais pu te supporter ! », ou bien encore « Mon enfant chéri, pardonne-moi ». Non, il n'a rien dit.

Ses yeux ont parlé pour lui.

Je suis allé droit au but, sans doute pour dominer mon trac :
— Je suis devenu chrétien, je te pardonne. On recommence la vie à zéro !

J'ai commis la connerie de ma vie.

J'ai aussitôt senti qu'il se raidissait. Ses yeux se sont embrumés, son regard s'est assombri. Il s'est plié, comme s'il recevait un coup au ventre.

Je venais de renvoyer cet homme dans son enfer de

passé qu'il essayait désespérément de fuir. Je n'étais qu'un salaud, un égoïste qui ne songeait, dans le fond, qu'à une chose : se soulager. Vivre le pardon pour moi et moi seul. M'offrir une bonne conscience toute neuve.

Mon père n'a pas eu la chance d'avoir une femme comme la mienne et des amis comme ceux que j'ai reçus. Souvent, je me suis posé la question : pourquoi ? Pourquoi ai-je eu cette chance et pas lui ? Il essayait sans doute d'échapper aux griffes du remords et aux souvenirs horribles de son indignité. Il a tenté de réparer ce qui était possible, en étant un père juste et bon pour ses autres enfants. Il ne pouvait encore se pardonner lui-même. Il se jugeait avec toute la sévérité du scrupule.

Moi, je suis arrivé devant lui après des années d'absence et je lui ai balancé mon pardon dans la gueule comme un jugement et une condamnation.

Le cœur peut donner un pardon que la bouche doit parfois retenir.

Dans l'Évangile, le Christ ne dit pas à la femme adultère que les pharisiens veulent lapider : « Je te pardonne tes nuits de péché. » Il se tait. Il dessine dans le sable.

Je suis parti vite, plein de remords. J'ai tenté de combler le trou entre nous en lui envoyant des cartes postales. Cela paraît idiot, n'est-ce pas, des cartes postales ? Des petits mots disant mon bonheur de vivre, un clin d'œil complice par-ci par-là, un instant heureux que je partageais avec lui, à la volée, en passant.

Après quelques années, il y a eu plus de présent entre nous que de passé.

J'ai su alors qu'il pouvait accepter mon pardon.

Un jour, j'ai appris qu'il avait cessé de boire. Pour ce grand malade, c'était un acte héroïque. Je me suis mis à l'admirer.

J'ai appris la mort de mon père par hasard. En 1990.

Je croise dans la rue un oncle et son fils. L'homme me reconnaît. Il m'accoste :

— Eh, Tim, tu dois être heureux ?

— Heureux... oui. Pourquoi me dites-vous cela ?

— Tu sais que ton salaud de père est mort ?

Coup au plexus. Respiration coupée. Silence. Déchirure.

— ... Non... Il y a longtemps ?

— Trois mois à peine.

Le cousin est gentil. Il sait ce que m'a infligé mon père. Il en rajoute :

— Ah, ce salaud...

Je n'en veux pas à mon cousin. Il ignore que Dieu est entré dans ma vie et qu'Il a tout bouleversé, de fond en comble. En revanche, j'en veux à Dieu de me voler mon père sans délicatesse.

Me voler mon père, mon grand-père, mon beau-père et mon père Thomas. Tous ceux-là, morts, en un rien de temps. Cela fait beaucoup. Dieu m'a fait un prix de gros.

Deux ans plus tôt, le matin de mon anniversaire, coup de téléphone à la maison. Un autre oncle, un frère de ma mère, appelle :

— Il faut que je te voie, j'ai à te parler... Quelque

chose d'important... Je préférerais qu'on se voie seul à seul, en privé...

Nous avons rendez-vous à Lourdes un peu plus tard. À l'heure dite, je descends en ville. Je le retrouve, lui et sa femme.

— Ton grand-père a dû être amputé de la seule jambe qui lui restait...

J'accuse le coup. Il m'achève :

— La gangrène s'en est mêlée, les médecins n'ont rien pu faire... Il est mort.

J'essaie de demeurer impassible, mais la pensée déchirante de ne pas revoir ici-bas ce grand-père bien-aimé m'arrache une plainte.

L'oncle lâche à sa chérie :

— Tu vois, je savais bien que ça lui ferait quelque chose...

Je leur tourne le dos, je reprends le chemin de la montagne et je pleure longuement en caressant le tronc des arbres.

Je reviens bouleversé à la Ferme. Martine me demande :

— Veux-tu qu'on repousse ton dîner d'anniversaire à demain ?

— Non, c'est la vie. Je vous aime. On va faire la fête.

L'après-midi, je retourne en ville et j'achète des cadeaux pour tout le monde. J'écarte la morsure de la haine qui entraîne la haine qui entraîne la haine... Il faut rompre ce cercle vicieux à tout prix.

Ma fête d'anniversaire dure tard dans la nuit. Ce présent de la haine, je l'ai converti en bonheur pour les autres.

Mon père Thomas, lui, est mort le 4 février 1993. Il avait quatre-vingt-sept ans. Il est mort comme il a vécu. Il a vécu comme il a prêché. Il est devenu pauvre, tout petit, lui qui avait si souvent enseigné sur la présence particulière de Dieu chez ceux qui souffrent et vivent dans l'angoisse.

Deux ans plus tôt, il avait dû quitter son Arche bien-aimée. Il ne pouvait plus contenir les flots de personnes qui accouraient à la Ferme pour recevoir ses conseils, se confesser et goûter l'amour du Seigneur à travers sa compassion. Quand j'ai su que mon bon père Thomas avait rejoint son Seigneur, à nouveau j'ai pleuré.

— La béatitude des larmes nous rend petits, elle attendrit notre cœur en enlevant tout ce qu'il peut y avoir de dur et de fermé, disait-il. Le Bon Dieu aime le silence vis-à-vis des autres, mais il aime aussi que, comme des tout-petits, nous laissions couler nos larmes près de Lui...

Le pardon n'est pas une baguette magique.

Il y a le pardon du vouloir et celui du pouvoir : on veut pardonner mais on ne peut pas. Quand on peut, lorsque enfin la tête et le cœur finissent par être d'accord, il reste le souvenir, ces choses douloureuses qui remontent à la surface, qui troublent et raniment la haine. C'est le pardon de la mémoire. Ce n'est pas le plus facile. Il exige beaucoup de temps.

Durant dix ans, j'ai demandé tous les matins à Martine : « Est-ce que tu m'aimes ? » Je ne pouvais pas croire à son amour. Ma guérison s'est faite dans la durée. Oui, il faut du temps. J'ai eu de la chance de rencontrer des gens vrais. Ils m'ont aimé avec l'empreinte de mon passé, ils ont osé accepter ma différence, mes soubresauts d'homme blessé. Ils ont écouté ma souffrance, et continué de m'aimer après les orages. Maintenant, j'ai la mémoire d'avoir reçu.

Le passé se réveille à cause d'un son, d'une parole, d'une odeur, d'un bruit, d'un geste, d'un lieu entr'aperçu... Un rien suffit pour que les souvenirs surgissent. Ils me bousculent, ils me griffent. Ils me rappellent que je suis encore sensible. J'ai toujours mal. Je ne serai peut-être jamais totalement pacifié. Il me faudra sans doute recommencer mon pardon, encore et encore. Est-ce le « soixante-dix-sept fois sept fois » dont parle Jésus ?

Pardonner, ce n'est pas oublier. C'est accepter de vivre en paix avec l'offense. Difficile quand la blessure a traversé tout l'être jusqu'à marquer le corps comme un tatouage de mort. J'ai récemment dû subir une opération des jambes : les coups de mon père ont provoqué des dégâts physiques irréparables. La douleur se réveille souvent ; avec elle, la mémoire.

Pour pardonner, il faut se souvenir. Non pas enfouir la blessure, l'enterrer, mais au contraire la mettre au jour, dans la lumière. Une blessure cachée s'infecte et distille son poison. Il faut qu'elle soit regardée, écoutée, pour devenir source de vie.

Je témoigne qu'il n'y a pas de blessures qui ne puissent être lentement cicatrisées par l'amour.

Jusqu'à l'âge de seize ans, j'ai furieusement rêvé que ma mère venait me reprendre. Puis j'ai accepté l'intolérable idée d'avoir été abandonné par celle qui m'a porté. J'ai décidé alors qu'il valait mieux que je ne la revoie jamais.

C'est arrivé pourtant. À l'improviste. C'était après mon mariage. Une tante m'avait invité à une réunion de famille sans me dire que j'y verrais ma mère. Je me suis soudain retrouvé en face d'une femme brune, jeune et belle.

Elle n'a pas fait un geste en m'apercevant. Pas une moue.

Je me suis approché d'elle et lui ai dis :

— Mon seul rêve, c'est un baiser de toi...

Elle a reculé imperceptiblement.

— ... ou ta main sur mon épaule, si tu préfères. Un seul geste. Cela suffira...

Elle a conservé ses distances et a répondu :

— Tu es comme ton père... l'honneur, rien que l'honneur !

J'ai attendu quelques secondes un geste qui ne pouvait pas venir. J'ai pris la tangente. J'allais sortir quand ma mère m'a rattrapé sur le palier. Elle m'a demandé :

— Tu as pardonné à ton père ?

— Oui, je lui ai pardonné.

Elle s'est fermée. Son visage s'est crispé, durci. Elle ne pouvait sans doute accepter que j'aie pardonné à cet homme qui m'avait brisé dans mon corps. Elle n'admettait pas que je les mette tous deux au même rang du pardon. Elle a lâché :

— Oui, tu es comme ton père. Tu seras un mauvais mari et un mauvais père...

Il y a des mots plus violents que des coups de poing. Les mots du venin de la désespérance, de la fatalité. Ma mère ne mesurait pas le poids des mots.

Il a fallu une autre femme, Martine, mon épouse, pour me purger de ce venin de mort. Elle m'a soigné avec une patience d'ange, les jours succédant aux jours.

Grâce à Martine, je peux dire aujourd'hui cette chose impensable : la joie que je reçois de nos quatre enfants, je la dois aussi à ma mère. C'est elle qui m'a donné la vie, ce trésor inestimable.

Aujourd'hui je me bats pour être un bon père, un bon mari et un bon fils... de Dieu le Père.

Mes enfants sont devenus mes racines. Auprès d'eux, l'homme blessé que je suis a reçu des guérisons. Lorsqu'ils m'appellent mon papa, je sens un délicieux frisson courir le long de mon échine. Une émotion exquise. Je ne veux pas m'habituer à ce qu'on m'appelle papa. C'est la plus belle chose au monde. Je me souviens de tous ces « mon papa » qui m'ont manqué. Je rends grâce. Et je confie au Dieu Père tous les enfants qui n'ont personne à qui dire « mon papa ».

TABLE

Avertissement	9
Avant-propos	11
Trois ans. Abandonné dans un fossé	15
Quatre ans. Dans la niche du chien	19
Cinq et six ans. Silence, hôpital	25
Sept ans. Au marché des orphelins	30
Huit ans. La prison des fous	37
Neuf ans. Les griffes de la nourrice	42
Dix ans. Bonheur en flammes	52
Onze ans. En maison de correction, section « Durs à cuire »	59
Douze ans. Fugue et dégoût	73
Treize ans. Braqueur de prostituées	81
Quatorze ans. Gigolo à Montparnasse	91
Quai de départ, mon grand frère se barre	98
Quinze ans. Le tour du monde avec Monsieur Léon	104
La grande évasion	116
Le vieil homme et la mort	126
Lettre ouverte à mon père, Président de la France	133

Apprenti sculpteur de gargouilles	143
Seize ans. Danse avec les coups	153
Dix-huit ans. À la découverte des extra-terriens	167
Un petit curé sur mon gros-cube	183
L'électrochoc du pardon	192
Vingt et un ans. Mon premier cadeau d'anniversaire	203
Mes amis de la souffrance du monde	214
Les aventurières de Dieu	221
Vingt-deux ans. La fille de la maison du bonheur	234
Vingt-trois ans. Le mariage de l'enfant prodigue	242
Vingt-quatre ans. À Lourdes, dans les mains de Marie	251
Soixante-dix-sept fois sept fois	262

*Achevé d'imprimer en avril 1999
sur presse Cameron
par Bussière Camedan Imprimeries
à Saint-Amand-Montrond (Cher)*

N° d'édition : 0718/05. N° d'impression : 991686/1.
Dépôt légal : février 1999.
Imprimé en France